LA

# CROIX DE MA MÈRE

DRAME-VAUDEVILLE EN CINQ ACTES ET SIX TABLEAUX,

M. LERMITE.

---

**Prix : 60 centimes.**

---

## PARIS

MICHEL LÉVY, FRÈRES, LIBRAIRES-ÉDITEURS,
RUE VIVIENNE, 2 bis.

—

1857

A M. BARTHOLY, Directeur du Théâtre Beaumarchais,

*Hommage d'estime et de vive sympathie,*

**LERMITE.**

# LA CROIX DE MA MÈRE

## DRAME-VAUDEVILLE, EN CINQ ACTES ET SIX TABLEAUX,

## PAR M. LERMITE

Mise en scène de M. Berthollet, musique de M. Borssat fils.

*Représenté pour la première fois sur le théâtre Beaumarchais, le 31 janvier 1857.*

| PERSONNAGES. | ACTEURS. |
|---|---|
| M. de SAINT-FIRMIN | MM. Gauthier. |
| FRÉDÉRIC, lieutenant de vaisseau | Charles Linguet. |
| LE CAPITAINE DUBOIS, de la cavalerie d'Afrique | Charles Gobert. |
| ROMAINVILLE, agioteur | Panot. |
| LADORADE, armateur à Bordeaux | H. Wertemberg. |
| LAMBERT, maître mécanicien | Colleau. |
| VALENTIN, commis chez Lambert | Maximilien D. |
| ZIMMERMANN, brocanteur | Astruc. |
| PASSE-PARTOUT, matelot | Faliès. |
| PIPETTE, cavalier, domestique du capitaine Dubois | Tonnin. |
| UN HUISSIER | Donato. |
| UN MATELOT | Dubois. |
| UN JEUNE APPRENTI | Mlle Marie Dalby. |
| PREMIER OUVRIER MÉCANICIEN | MM. A. Saint-Germain. |
| DEUXIÈME OUVRIER | Mérigot. |
| LOUISE, fille de Lambert | Mmes Armande Morel. |
| MARGUERITE, sœur de Frédéric | Pauline Laurend. |
| LA MÈRE REINETTE, revendeuse à la toilette | Gauthier. |
| FANNY, habituée des bals publics | Marie Dalby. |
| ROSE, femme de chambre | Nelson. |

Invités, Matelots, Gardes du commerce, Ouvriers, Jeunes filles, amies de Fanny.

*La scène se passe de nos jours.*

# ACTE PREMIER

Un arrière-magasin de costumier. — Large porte au fond. — Portes latérales.

### SCÈNE PREMIÈRE.

PASSE-PARTOUT, LA MÈRE REINETTE, LADORADE ZIMMERMANN. — (La mère Reinette est une vieille marchande à la toilette. — Zimmermann est un brocanteur alsacien, associé avec la mère Reinette... Il a une accentuation allemande fortement prononcée... — Au lever du rideau, ils préparent les objets dénommés ci-dessous pour les livrer à Ladorade, avec qui ils viennent de conclure un marché. — Ladorade est un armateur de Bordeaux. — C'est un original un peu excentrique dans son allure. — Passe-partout est un matelot, domestique de l'armateur.)

LADORADE. Comment! comment! mère Reinette, lorsque je vous fais l'honneur de venir vous emprunter quatre mille francs, vous avez l'audace de me proposer comme argent comptant ces abominables loques de bric-à-brac!

LA MÈRE REINETTE. Bric-à-brac! bric-à-brac! Entre mes vieilles loques et votre jeune signature, on ne sait pas ce qui l'est le plus, bric-à-brac!

ZIMMERMANN. Oui, oui, on ne sait pas.

LADORADE. Quoi! oseriez-vous douter de la solvabilité d'Ulysse Ladorade, armateur à Bordeaux?

LA MÈRE REINETTE. Un bel armateur, qui a peut-être deux ou trois barques sur sa rivière, et quelle rivière! La Garonne... voilà-t-il pas une remarquable garantie, la Garonne!...

ZIMMERMANN. Oui, la Garonne!

LADORADE, appelant très-haut. Passe-partout!

PASSE-PARTOUT. Patron!

LADORADE. Fais-moi une garcette très-solide avec les cordes qui sont là.

PASSE-PARTOUT. Oui, patron.

LA MÈRE REINETTE, imitant l'accent de Ladorade. N'auriez-vous pas aussi un petit castel, sur la Garonne, mon bon?

ZIMMERMANN. Oui, un petit castel?...

LADORADE. Assez, méchants brocanteurs que vous êtes tous deux!...

LA MÈRE REINETTE. Tu es encore bien heureux de les trouver, les méchants brocanteurs comme nous!...

LADORADE. Vous me tutoyez, maintenant?

LA MÈRE REINETTE. Je vais peut-être me gêner devant un faiseur d'embarras qui se croit créé et mis en circulation pour étonner la capitale, avec ses cheveux roux teints en noir de corbeau, avec ses moustaches rousses teintes comme ses cheveux et torturées à la mousquetaire, avec ses sourcils roux maquillés à la chinoise... voyez-moi ça!

LADORADE. Ah! la vieille!

LA MÈRE REINETTE. Un faux armateur, un faux capitaine au long cours, qui ne parle que de ses faux voyages, de ses fausses bonnes fortunes et de ses faux navires, qui vient au milieu d'une nuit de carnaval avec un faux aplomb et un faux matelot, me conter un tas de fausses raisons, pour me faire escompter une valeur probablement aussi fausse que toutes ses manières de faux viveur: aussi fausse que tous ses agréments, de faux bel homme, aussi fausse que toute sa fausse crânerie... voyez! voyez-moi ça!

LADORADE. La patience va m'échapper, madame.

LA MÈRE REINETTE. Eh bien! faites comme votre patience, échappez vous aussi, monsieur, et flanquez-moi la paix.

PASSE-PARTOUT. La voilà, la garcette demandée, patron.

LA MÈRE REINETTE. Allons, leste!... à la porte tous les deux, ou j'appelle les gardes de ville pour me débarrasser de deux particuliers qui ne font leurs affaires que la nuit, et qui me prient surtout de ne pas laisser sortir leur lettre de change d'entre mes mains... je ne veux plus traiter avec vous.

ZIMMERMANN. Bah! bah! mère Reinette... vous êtes allée un peu trop loin... ce n'est pas pour monsieur que nous faisons ceci... c'est pour M. Romainville, qui nous l'a envoyé en nous le recommandant de la manière la plus chaude...

LA MÈRE REINETTE. Faites donc comme vous l'entendrez pour M. Romainville... moi, je ne puis me trouver en face de poseurs de cette espèce sans avoir envie de leur sauter à la figure... je vous laisse... (Elle se retire.)

LADORADE. C'est un chat-tigre que cette vieille damnée.

PASSE-PARTOUT. Non, patron, c'est une chatte... tigresse, une panthère de Java, sur le retour.

━━━━━━━━━━━━━━━━━━━━━━

## SCÈNE II.

**PASSE-PARTOUT, LADORADE, ZIMMERMANN.**

LADORADE. Est-ce que vous seriez son mari?... Le père Reinette?...

ZIMMERMANN. Non, monsieur, je n'ai pas cet honneur.

LADORADE. Je vous plaindrais un peu.

ZIMMERMANN. Je suis seulement son modeste associé... je me nomme Zimmermann... du nom de mon père, et mon parrain et ma marraine m'ont fait baptiser sur le nom de Dominique.

LADORADE. Ha! eh! bien, père Zimmermann, concluons, s'il vous plaît.

ZIMMERMANN. Ce ne sera pas long maintenant,
mon bon monsieur, prenez la peine de vous asseoir.

LADORADE, s'asseyant. Vous, qui êtes raisonnable, vous devez comprendre que si je viens ici pendant la nuit vous demander cet argent, c'est que je veux l'employer en dehors de mes affaires commerciales.

ZIMMERMANN. Certainement, mon bon monsieur.

LADORADE. J'ai des parents, des amis extrêmement bien posés sur la place de Paris... et vous comprenez que si une valeur ne portant que ma signature personnelle, au lieu de notre signature sociale, tombait sous leurs yeux...

ZIMMERMANN. Cela ferait jaser...

LADORADE. Parbleu!

ZIMMERMANN. Voici donc.

LADORADE. J'ai même ici, à deux pas, un oncle que vous devez connaître... M. Lambert le mécanicien...

ZIMMERMANN. Oui... oui...

LADORADE. Une grosse maison... et une vieille réputation; je m'en flatte... voilà plus de deux cents ans que les Lambert tiennent le premier rang dans la mécanique, de père en fils.

ZIMMERMANN. Nous le savons.

LADORADE. Quand on a l'honneur de posséder un oncle aussi vertueux et aussi sévère...

ZIMMERMANN. Je comprends, je comprends, mon bon monsieur... voici votre facture...

LADORADE. Ha!... nous disons donc (il lit) « argent comptant... pièces de velours... foulards... « dentelles... costume de bal... parfumerie, etc., « etc... en tout trois mille huit cent francs... »

ZIMMERMANN. Il ne manque donc plus que deux cents francs pour parfaire la somme de quatre mille.

LADORADE. Qu'est-ce que vous allez me donner pour ces deux cents francs-là?

ZIMMERMANN. Ah, mon cher monsieur... je vais vous donner un petit trésor... regardez-moi cela!

PASSE-PARTOUT. C'est un écureuil!

LADORADE. Empaillé...

ZIMMERMANN. Oui... c'est un écureuil... mais quel écureuil!... un miracle a présidé à sa naissance... (rires) ne voyez-vous donc pas qu'il a la moitié de la queue d'une blancheur éclatante?

PASSE-PARTOUT. Dieu vivant!

ZIMMERMANN. Ne touchez pas.

PASSE-PARTOUT. Il a blanchi de vieillesse!

ZIMMERMANN. Ignorant!... les animaux ne blanchissent pas... c'est là ce qui les distingue spécialement de l'homme... de son vivant cet écureuil privilégié avait la queue...

LADORADE. Mi-partie de blanc et de chocolat.

ZIMMERMANN. Vous l'avez dit... et il avait de plus...

LADORADE. Quoi encore, ô mon Dieu?

ZIMMERMANN. Il avait les yeux bleus, monsieur... oui, monsieur, les yeux bleus, tels que vous les lui voyez en ce moment. Ne touchez pas!

LADORADE, gravement. Eh bien, merci, père Zimmermann... 200 francs ne sont rien comparés à un pareil phénomène... Entassez tout cela dans votre cabinet. — Allez! Zimmermann!... allez! Passe-partout!...

PASSE-PARTOUT. Patron...

LADORADE. Un mot ici... (Bas à l'avant-scène, pendant que Zimmermann va et vient vers le fond, pour ranger les objets vendus.) As-tu fait tout ce que je t'avais dit, au

Sujet du commis de mon oncle Lambert?...

PASSE-PARTOUT. Oui, patron... je me suis attaché à M. Valentin... il se nomme M. Valentin... et il est un peu... rigolo...

LADORADE. Je le sais...

PASSE-PARTOUT. Je l'ai fait boire le plus possible, afin de connaître le fin mot en question... mais...

LADORADE. T'a-t-il parlé de M<sup>lle</sup> Louise?

PASSE-PARTOUT. Pas plus de M<sup>lle</sup> Louise que de M. Lambert.

LADORADE. Il faut continuer à le faire boire... et il faut qu'il parle, car il sait tout ce qui se passe, et dans la maison et dans le cœur de ses maîtres.

PASSE-PARTOUT. Continuer la bordée... ce n'est pas ce qui m'embarrasse... quoiqu'il y ait à régaler en même temps que lui un certain cavalier qui ne boit pas mal non plus, qui ne le quitte pas, et qui se nomme Pipette.

LADORADE. Il ignore toujours que tu es chez moi?

PASSE-PARTOUT. Toujours.

LADORADE. Où sont-ils maintenant?

PASSE-PARTOUT. Je les ai laissés au cabaret du coin... où ils attendent le capitaine de ce cavalier qui est venu se costumer ici pour aller au bal cette nuit, et qui doit reprendre son uniforme également ici.

LADORADE. Tiens... voilà de l'argent... ne les quitte pas, et fais en sorte que M. Valentin n'aille chez mon oncle ni demain ni après-demain.

PASSE-PARTOUT. J'en réponds...

LADORADE. Mais ne lui laisse pas supposer, je le répète, que c'est moi qui te détache ainsi à ses trousses... Il m'en veut atrocement depuis cette aventure de la jolie Fanny... il comptait l'épouser, lui... il en était amoureux fou... et il ne me pardonnera jamais de...

PASSE-PARTOUT, souriant de la fatuité de Ladorade. Compris, patron, compris...

LADORADE. Sois intelligent...

PASSE-PARTOUT. Je fais un peu le Jean-Jean pour qu'on se défie moins.

LADORADE, à Passe-Partout. C'est cela... (A Zimmermann). On viendra dans la journée pour enlever cette brillante pacotille, père Zimmermann, au revoir!

ZIMMERMANN. Au revoir, mon bon monsieur...

LADORADE, à la mère Reinette qui paraît. Au revoir, sorcière damnée!...

LA MÈRE REINETTE, sur la porte. Portez-vous bien, beau Gascon!

LADORADE, sur la porte de sortie. Et surtout ne changez pas une seconde fois la queue blanche, et les yeux bleus de mon écureuil... je les paie assez cher pour y tenir!

ENSEMBLE.

Air:

Pommade, pierrot, laitière
Un écureuil phénoménal,
Pour des marins de rivière,
C'est un butin sans égal.

## SCÈNE III.

### LA MÈRE REINETTE, ZIMMERMANN.

ZIMMERMANN, prêt à emporter les paquets. Eh! eh!

LA MÈRE REINETTE. Qu'est-ce qu'il dit donc?...

ZIMMERMANN. Des bagatelles...

LA MÈRE REINETTE. A-t-il avalé toute la dose?

ZIMMERMANN. Complètement.

LA MÈRE REINETTE. Il ne manque pas d'appétit... après ça l'air est si vif sur la Garonne...

ZIMMERMANN, sortant. Eh! eh!...

LA MÈRE REINETTE. Qui est-ce qui nous arrive-là?

## SCÈNE IV.

### PIPETTE, LA MÈRE REINETTE.

PIPETTE, portant deux uniformes à moitié enveloppés... il est un peu ivre. C'est moi, la mère... j'apporte les uniformes de mon capitaine, et de son ami le lieutenant de vaisseau... Pendant qu'ils sont en train de polker sous les ornements que vous leur avez confiés, il est arrivé un ordre qui les demande à l'état-major de la place, ce matin, à la claquette du jour... et pour ne pas les rater, je vais les attendre ici, avec votre permission, la mère...

LA MÈRE REINETTE. Asseyez-vous par là, et faites comme chez vous, mon garçon.

PIPETTE. Oh! chez moi... on ne sait pas précisément où ça se trouve, chez moi...

LA MÈRE REINETTE. Est-ce que vous étiez seul?... il m'avait semblé entendre...

PIPETTE. Vous ne vous étiez pas trompée... (on entend la sonnette du magasin). Il y a là mon pays qui apporte le reste des uniformes... (Appelant.) Eh! Valentin! C'est un des employés de M. Lambert, mon pays... la mère.

LA MÈRE REINETTE. Je le connais.

PIPETTE. Ohé! là-bas!... monsieur Valentin!

## SCÈNE V.

### LES MÊMES, VALENTIN.

VALENTIN. Présent, M. Valentin, présent...

PIPETTE. Arrive donc!...

VALENTIN. Donne-moi le temps, guerrier, de laisser derrière la porte un cauchemar qui m'a galoppé là, en voyant filer sur le trottoir une sorte d'homme, qui me paraissait ressembler diablement à...

PIPETTE. A qui, mon vieux?...

VALENTIN. Au fait... c'est peut-être encore ce papillon tout noir et tout cornu qui vient faire ses évolutions dans ma stupide tête...

PIPETTE. Qu'est-ce que tu nous chantes là?...

LA MÈRE REINETTE, à part. Pauvre Valentin!... il est toujours tourmenté par l'inconduite de cette Fanny.

VALENTIN. Et puis ton matelot bordelais m'y a fait repenser à ce joli-cœur... et à cette malheureuse enfant... et c'est peut-être pour cela que les bombances qu'il nous offre ne passent pas comme...

PIPETTE. Allons donc! allons donc!... avec vos amours transis, vous me faites pousser des tours Malakoff sur le dos, et si tu n'as pas fini de pleurnicher comme cela, je vas me plonger dans la solitude, moi.

VALENTIN. Pleurnicher!... regarde donc comme je pleurniche, quand je suis capable d'embrasser la mère Reinette. (Il la prend par la taille.)

LA MÈRE REINETTE, se défendant. Eh bien, mais...

VALENTIN. Ah! je pleurniche... (Il l'embrasse). Fais-en autant, toi, Pipette.

PIPETTE. Jamais!... je connais trop les égards que l'on doit au beau sexe...

LA MÈRE REINETTE. Ivrogne!... (Elle s'occupe un instant à ranger, puis elle disparait au bruit de la sonnette du magasin).

VALENTIN. Telle que tu la vois, elle est très-serviable la mère Reinette... Elle me prête très-souvent quelques louis.

PIPETTE. Des louis?

VALENTIN. De vrais louis d'or!...

PIPETTE. Elle t'avance un aussi gros capital?

VALENTIN. Sans hésiter... en ce moment, je lui dois au moins vingt pistoles.

PIPETTE. Ah ça, mais, t'es millionnaire, Valentin...

VALENTIN. Nous le sommes tous aujourd'hui, Pipette... et la preuve, c'est que pour peu de chose, j'embrasserais encore cette mère Reinette de mon cœur. (Croyant prendre la mère Reinette, il prend Zimmermann dans ses bras). Oh! arrière, papa Dominique... je ne puis aller jusque-là...

## SCÈNE VI.

### PIPETTE, VALENTIN, ZIMMERMANN.

ZIMMERMANN. Jeunes gens, les deux officiers viennent d'arriver.

PIPETTE, prenant les uniformes. Ah!

ZIMMERMANN. La mère Reinette les fait monter dans le salon du premier.

PIPETTE. M'attends-tu ici... ou au cabaret?...

VALENTIN. Au cabaret, parbleu!

ENSEMBLE.

AIR :

Valentin et Pipette,
Turlurette,
N' connaissent l' matin,
Relin tin, tin
Que la vieille goguette,
Turlurette,
Pour monter leur courage et noyer leur chagrin,
Relin tin, tin.

LA MÈRE REINETTE, à Pipette. Vos messieurs vous attendent en haut... à droite.

PIPETTE. Merci, la mère... Ha! le chapeau du lieutenant de vaisseau... (Il sort.)

## SCÈNE VII.

### VALENTIN, ZIMMERMANN, LA MÈRE REINETTE.

LA MÈRE REINETTE. Restez sur le devant, père Zimmermann : il nous arrive une visite importante.

ZIMMERMANN. Bah!...

LA MÈRE REINETTE. Mademoiselle Louise Lambert... la fille du mécanicien... Chut!!!

ZIMMERMANN. Je m'en vas... je m'en vas...

## SCÈNE VIII.

### LA MÈRE REINETTE, puis LOUISE.

LA MÈRE REINETTE, seule. Mademoiselle Louise Lambert! à une heure comme celle-ci!... qu'est-ce que cela signifie?... (Elle introduit mystérieusement Louise.) Venez, venez, chère demoiselle, j'ai renvoyé tout le monde en vous voyant arriver, et nul ne peut maintenant. (Elle a poussé le verrou de la porte du fond.)

LOUISE. Merci, madame.

LA MÈRE REINETTE. Remettez-vous... ne tremblez pas ainsi.

LOUISE. Oh!... vos paroles affectueuses me rassurent un peu... J'ai un si grand service à vous demander!

LA MÈRE REINETTE. Que se passe-t-il chez ce brave M. Lambert, juste-ciel!

LOUISE. Un bien grave contre-temps est survenu dans les affaires commerciales de mon pauvre père... je ne sais quelle influence cruelle s'est déclarée contre nous, il n'est plus personne qui veuille prendre les valeurs sortant de notre maison... et, ce matin, il faut au moyen de quelques bijoux que je vous apporte...

LA MÈRE REINETTE. Ah! mon Dieu! parlez plus bas, mon enfant... il y a par là un homme qui pourrait entendre quelque chose... c'est votre commis.

LOUISE, vivement. Valentin?...

LA MÈRE REINETTE. Oui...

LOUISE. Ah! il nous a abandonnés aussi depuis deux ou trois jours... moi, qui aurais compté sur lui comme sur moi-même... (On entend la sonnette du magasin.)

LA MÈRE REINETTE. Qui vient encore?

LOUISE. Je suis au supplice.

LA MÈRE REINETTE. Le plus sûr est de vous cacher pour quelques instants... il n'y a pas seulement Valentin par-ici... il y a là-haut, au premier, le frère de votre bonne amie mademoiselle de Saint-Firmin.

LOUISE, épouvantée. Frédéric!...

LA MÈRE REINETTE. Oui. Le brillant officier de marine... avec le capitaine Dubois... ils se sont travestis cette nuit.

LOUISE. Frédéric et le capitaine Dubois!... Ah! cachez-moi bien à leurs yeux, je vous en supplie.

LA MÈRE REINETTE. Entrez là... je vais vous y enfermer, et je garderai la clef sur moi jusqu'à ce que nous puissions parler en toute sécurité. (Elle va regarder au fond).

LOUISE. Oui.

LOUISE, sur la porte du cabinet. Il est heureux... il s'amuse, lui!... et moi... et mon père qui se meurt... Oh! pitié! pitié pour nous, mon Dieu!

LA MÈRE REINETTE, enfermant Louise. Là! Je vais vite expédier tout mon monde...

## SCÈNE IX.

LA MÈRE REINETTE, FANNY ET SES AMIES; puis FRÉDÉRIC, ROMAINVILLE, LE CAPITAINE ET PLUSIEURS JEUNES GENS suivis de PIPETTE ET ZIMMERMANN. (Les jeunes filles diversement costumées font une sorte d'irruption sur la scène).

FANNY.

Air *du Sire de Francboisy.*

Brille l'aurore,
L'aurore d'un beau jour!
Brille l'aurore,
L'aurore d'un beau jour!

REPRISE EN CHŒUR PAR LES JEUNES FILLES.

(*Frédéric, le Capitaine, etc., paraissent.*)

LE CAIPTAINE, *très-gai.*

Danser encore,
Parler encor d'amour...
Danser encore,
Parler encor d'amour!

REPRISE EN CHŒUR PAR LES JEUNES GENS.

FANNY.

C'est la devise,
D'un galant troubadour.
C'est la devise,
D'un galant troubadour.

REPRISE EN CHŒUR PAR LES JEUNES FILLES.

LE CAPITAINE.

Oui, mais, ma belle,
Pour nous bat le tambour.
Oui, mais, ma belle,
Pour nous bat le tambour.

REPRISE PAR LES JEUNES GENS.

FANNY.

Beau capitaine,
C'est le rappel d'amour.

Beau capitaine,
C'est le rappel d'amour...

REPRISE PAR LES JEUNES FILLES.

LE CAPITAINE, *commençant une polka avec Fanny.*

Alors encore,
Encore, encore un tour.
Alors encore,
Encore, encore un tour.

(*Reprise en chœur par tous en dansant très-vivement. Pendant cette danse échevelée à laquelle Pipette oblige Zimmermann de prendre part, Frédéric, Romainville, et la mère Reinette se sont tenus à l'écart.*)

LA MÈRE REINETTE. Vos toilettes sont au premier, à gauche, mesdemoiselles.

LES JEUNES FILLES, *partant et fredonnant.*

Brille l'aurore,
L'aurore d'un beau jour! etc.

FANNY. On déjeune à la maison d'Or!...
DANS LES COULISSES. A la maison d'Or!
FANNY, à Frédéric et au Capitaine. A la maison d'Or, messieurs!
LE CAPITAINE. Merci, ma belle enfant... nous sommes retenus... ordre de service... (A Frédéric.) Tout cela est ridicule, mon cher Frédéric... on ne m'y reprendra jamais.
FRÉDÉRIC. Je suis honteux, mon ami, de m'être mêlé une seule fois à ce monde...
LE CAPITAINE, bas à Frédéric. Est-ce que nous abandonnons monsieur Romainville?
FRÉDÉRIC, bas au capitaine. Ne donnons plus la main à cet homme... on dit de fâcheuses choses sur son compte... viens!... (Ils sortent.)
ZIRMERMANN, bas à Romainville en désignant le cabinet. Mademoisselle Louisse, Lambert est-là!
ROMAIVILLE. Silence! je sais tout...
VALENTIN, arrivant. Et moi aussi, je suis là... et moi aussi je veux tout savoir!...

FIN DU PREMIER ACTE.

# ACTE II.

Un salon chez M. de Saint-Firmin.

## SCÈNE PREMIÈRE.

MARGUERITE, puis LA MÈRE REINETTE. (Marguerite est occupée à ranger des fleurs dans le salon. La mère Reinette portant ses boîtes d'échantillons sort du cabinet de M. de Saint-Firmin.)

MARGUERITE, seule. Il vaut bien la peine de mettre là toutes ces fleurs, pour une soirée où l'on ne parlera que d'affaires. (Avec malice.) Si monsieur le capitaine Dubois et mon frère ne devaient pas s'y trouver... j'en emporterais la moitié chez moi.
LA MÈRE REINETTE, paraissant. Si ce n'est pas une chose incroyable... vingt pour cent!
MARGUERITE. Vous vous fâchez toute seule, madame Reinette?
LA MÈRE REINETTE. Je me fâche contre monsieur votre oncle, mademoiselle.
MARGUERITE. Mon frère est-il toujours avec lui dans son cabinet.
LA MÈRE REINETTE. Oui, mademoiselle!... me rabattre, à moi, vingt pour cent sur une misérable facture!...
MARGUERITE. Vous discuterez cela avec lui, madame Reinette... je vous attendais au passage pour vous parler bien vite et bien en secret d'une chose de la plus haute importance...
LA MÈRE REINETTE. Une chose de la plus haute importance?
MARGUERITE. Pour moi... oh! n'en riez pas, car c'est très-triste...
LA MÈRE REINETTE. Triste, lorsque votre oncle se dispose à vous marier avec M. Romainville, le plus adroit, le plus brillant et le plus vanté de nos capitalistes!...
MARGUERITE. Oh! laissons monsieur Romainville à ses affaires et à son adresse, je vous prie...

mon frère est ici maintenant. (Frédéric a entr'ouvert la porte du cabinet, il écoute, mais en se tenant caché.) Un officier de marine aussi intrépide que lui saura bien me donner, au moins, le petit brin de courage nécessaire pour résister sur ce point à la volonté de mon oncle...

LA MÈRE REINETTE. Comment, mais je croyais...

MARGUERITE. N'en parlons plus, n'en parlons plus, madame Reinette ; le temps va me manquer...

LA MÈRE REINETTE, à part. Ah ! Romainville...

MARGUERITE. C'est la position de Louise qui me tourmente par-dessus tout... vous avez entendu parler sans doute de la maladie de son père.

LA MÈRE REINETTE. Monsieur Lambert ne s'en relèvera pas...

MARGUERITE. Hélas ! Tout le monde dit comme vous depuis quelques jours... et pourtant nous avons encore, Louise et moi, une confiance entière... mais il paraît que les intérêts de leur grand atelier souffrent beaucoup de toutes ces rumeurs... bref, je ne puis rien à cela, moi... je n'ai à m'occuper que de ma chère Louise... Eh bien, madame Reinette, au milieu des afflictions qui viennent fondre sur elle, il est de petits détails qui ont aussi leur côté douloureux... ainsi, vous connaissiez la croix de sa mère...

LA MÈRE REINETTE. Parfaitement.

MARGUERITE. Cette superbe croix en diamants, qui était enviée par tout notre entourage...

LA MÈRE REINETTE. Oui... oui...

MARGUERITE. Vous avez aussi pleuré une mère, madame Reinette... et vous savez combien l'on est attaché à une sainte relique qu'elle confie à notre piété, à notre amour filial, au moment où elle nous adresse l'adieu suprême.

LA MÈRE REINETTE, essuyant une larme. A qui le dites-vous, ma bonne demoiselle ?

MARGUERITE. Louise poussait jusqu'à l'enthousiasme cette piété et cet amour ; c'était devant la croix de sa mère qu'elle priait chaque matin... c'était devant la croix de sa mère qu'elle implorait de Dieu un peu de bonheur pour la vieillesse laborieuse de son tendre père...

LA MÈRE REINETTE. La noble enfant !...

MARGUERITE. Eh bien ! cette croix, cette sainte relique, si chère et si vénérée, elle l'a perdue, madame.

LA MÈRE REINETTE. Perdue ?

MARGUERITE. Perdue depuis deux jours... (Elle va s'assurer que personne n'écoute. Frédéric évite de se montrer.)

LA MÈRE REINETTE, à part. Elle a été obligée de la vendre pour renvoyer les gardes de commerce qui devaient arrêter son père... elle est là...

MARGUERITE. Moi, madame Reinette, écoutez bien !... je veux la tromper, cette pauvre amie, et lui faire croire que sa croix était tombée dans ma chambre pendant les quelques instants qu'elle y a passés avant-hier.

LA MÈRE REINETTE. Je vous comprends déjà.

MARGUERITE. Oui... l'essentiel serait d'avoir une croix pareille.

LA MÈRE REINETTE. C'est cela.

MARGUERITE. Et je sais que dans le temps vous en aviez fait faire une sur ce modèle.

LA MÈRE REINETTE. Pour mademoiselle de Savigny...

MARGUERITE. Justement... le joaillier qui vous l'avait faite ne pourrait-il ?...

LA MÈRE REINETTE. Bien mieux !... Mademoiselle de Savigny est partie presque subitement pour l'Italie avec sa famille... vous savez... et cette croix ne lui a pas été livrée.

MARGUERITE. Quoi !... elle serait...

LA MÈRE REINETTE. Elle est entre mes mains.

MARGUERITE. Ah !

LA MÈRE REINETTE. Elle est entre mes mains... elle m'est restée pour compte.

MARGUERITE. Et elle est exactement semblable ?

LA MÈRE REINETTE. A s'y méprendre... le petit collier... le fermoir...

MARGUERITE. Vraiment...

LA MÈRE REINETTE. C'est une merveille, un miracle d'imitation...

MARGUERITE. Allez vite, allez vite la chercher, madame Reinette.

LA MÈRE REINETTE. Comment donc, mais elle est dans ma boîte.

MARGUERITE. Là ?...

LA MÈRE REINETTE. La même, je cherchais à m'en défaire... (Elle cherche la croix dans ses boîtes.)

MARGUERITE, sonnant vivement. Ah ! chère Louise !... (Elle va au devant du domestique.)

LA MÈRE REINETTE, seule à l'avant-scène. Quelle ingénieuse ruse !... quel adorable cœur !

MARGUERITE, au domestique qui arrive. Baptiste, courez promptement en face ! chez monsieur Lambert, et dites à mademoiselle Louise de venir me voir à l'instant !... J'ai quelque chose à lui remettre... tout de suite... (Le domestique part.) Tout de suite, Baptiste, tout de suite. (Le domestique a disparu.)

LA MÈRE REINETTE, montrant la croix. Regardez !...

MARGUERITE. C'est prodigieux, prodigieux de ressemblance !... il faut défaire une maille du collier, pour que Louise s'explique comment elle a pu la perdre chez moi.

LA MÈRE REINETTE. Donnez... donnez... il vaut mieux fausser le fermoir de manière à ce que le petit ressort ne joue plus. (Elle fausse le fermoir avec les ciseaux attachés à sa ceinture.)

MARGUERITE. Parfait.

LA MÈRE REINETTE. Là... comme ceci...

MARGUERITE, reprenant la croix. Il est tout naturel qu'elle soit tombée.... du reste... elle s'en rapportera à ma parole.... Oh ! madame Reinette, que vous me rendez heureuse !... mais comment vais-je vous payer un pareil bijou ? je n'ai presque pas d'argent, moi.

LA MÈRE REINETTE. Bah ! bah !... j'attendrai... la croix ne me coûte que mille francs, en définitive... et en vous la laissant pour onze cents.

MARGUERITE. Mais c'est tout au plus si je possède une vingtaine de louis.

LA MÈRE REINETTE. Eh bien ! c'est déjà beaucoup.

MARGUERITE. Une idée !... car il ne faut pas penser à demander une telle somme à mon oncle.

LA MÈRE REINETTE. Le ladre !

MARGUERITE. Oui, oui, j'ai une idée, je pourrai payer. Échappez-vous par le jardin, il ne faut pas que Louise vous rencontre.

LA MÈRE REINETTE. Oui, oui ! (A part.) Il faudrait cependant la prévenir mademoiselle Louise... Ah ! bah ! son cœur devinera tout.

MARGUERITE. Partez !... par ici !... par l'escalier de service.

LA MÈRE REINETTE. Bien ! bien !

MARGUERITE. C'est onze cents francs, n'est-ce pas ?

LA MÈRE REINETTE. Douze ! douze, mademoiselle, j'ai dit douze.

MARGUERITE. Je vous assure que vous disiez onze.

LA MÈRE REINETTE. Du tout, vous avez mal entendu, je disais douze ; après cela. rien ne ressemble plus à onze que douze ou treize quand on parle si vite, mais c'est douze, mademoiselle.

MARGUERITE. Très-bien, sauvez-vous.

LA MÈRE REINETTE. Douze, c'est entendu.

MARGUERITE. Oui, douze...

LA MÈRE REINETTE.

AIR :

Ah ! c'est charmant, ah ! c'est charmant,
Mademoiselle Marguerite.

MARGUERITE.

Mais sauvez-vous donc promptement !

LA MÈRE REINETTE, à part.

Mais je l'aime cette petite.

ENSEMBLE.

LA MÈRE REINETTE.

Moi je l'aime cette petite.

MARGUERITE.

Partez, vite, vite, vite !

---

### SCÈNE II.

#### MARGUERITE, FRÉDÉRIC.

MARGUERITE, se croyant seule. J'ai donc réussi au delà de mes vœux.

FRÉDÉRIC, il est arrivé à pas de loup, il prend la tête de sa sœur dans ses deux mains et l'embrasse au front. Ah ! c'est ainsi que nous tramons nos petits complots, sans prendre de meilleures précautions contre les curieux qui écoutent aux portes.

MARGUERITE. Est-ce que vous auriez été coupable de cette trahison, monsieur mon frère ?

FRÉDÉRIC. J'ai eu ce mauvais goût... et mon cœur battait d'une joie bien douce, en obtenant la preuve nouvelle que ma petite sœur est un ange charmant, un ange descendu tout exprès du ciel pour nous consoler un peu des vilaines choses qui se passent sur la terre !

MARGUERITE. Tu me flatterais moins si tu n'aimais pas Louise autant que tu l'aimes.

FRÉDÉRIC. Et cet amour est si grand, si invincible, si pur, que je ne sais vraiment si c'est Louise que j'aime plus que toi, ou si c'est toi que j'aime plus que Louise.

MARGUERITE. Oh ! dans ce cas... je n'ai pas à me plaindre.

FRÉDÉRIC. Moi j'ai à te donner l'argent qu'il te faut pour ton marché avec madame Reinette.

MARGUERITE. C'était là mon idée...

FRÉDÉRIC. Je m'en suis douté... car notre oncle est décidément bien difficile sur les questions d'argent.

MARGUERITE. Il paraîtrait qu'à la mort de notre bonne mère, nous sommes restés bien pauvres !

FRÉDÉRIC. Pauvres !... à côté de la fortune de notre oncle, il est évident que nous ne sommes pas riches... mais, enfin.

MARGUERITE. Ne parlons jamais de cela ici, Frédéric... notre oncle a toujours voulu nous garder près de lui... il nous aime comme si nous étions ses propres enfants... il a fait pour nous des sacrifices considérables...

FRÉDÉRIC. Je suis loin d'oublier tout ce que nous lui devons, ma chère Marguerite... je lui en garderai jusqu'à mon dernier soupir une reconnaissance bien vive... je n'oublie pas non plus qu'il est le chef de la famille Saint-Firmin... mais il vient de me reprocher avec beaucoup d'aigreur les petites dettes que j'avais contractées à la suite de notre campagne de Crimée... et il me traite...

MARGUERITE. Il t'a pardonné ces dettes-là depuis longtemps

FRÉDÉRIC. Non !... il y revient sans cesse... et il persiste à me répéter que je ne suis pas pour lui ce que je devrais être.

MARGUERITE. Tu te trompes.

FRÉDÉRIC. Non !... je t'assure qu'il ne m'aime plus comme autrefois, et que je suis menacé de quelque fâcheuse algarade...

MARGUERITE. Que pourras-tu désirer encore s'il te permet d'épouser Louise ?

FRÉDÉRIC. S'il me le permet.

MARGUERITE. Oh !... c'est un mariage arrêté entre les deux familles depuis plus de dix ans...

FRÉDÉRIC. Eh bien ! je ne trouve pas que notre oncle parle de monsieur Lambert d'une façon... rassurante...

MARGUERITE. Ne crains rien pour toi... va... songe plutôt, égoïste, à défendre ta pauvre sœur... Ah ! je ne plaisante pas... il est de par le monde un certain monsieur Romainville qui a pris sur mon oncle une influence toute-puissante... et ce monsieur Romainville me regarde parfois avec des yeux...

FRÉDÉRIC. Oh ! ne crains rien de ces yeux-là... le monsieur Romainville sera tenu à distance suffisante...

MARGUERITE. A la bonne heure !

FRÉDÉRIC. Si par malheur, je te faisais défaut, je connais quelqu'un qui te défendrait à ma place et vigoureusement.

MARGUERITE. C'est ?

FRÉDÉRIC. Tu veux me le faire nommer... et tu as déjà rougi...

MARGUERITE. C'est donc ton ami ?...

FRÉDÉRIC. Oui, c'est mon ami, le capitaine Dubois.

MARGUERITE. Crois-tu réellement qu'il pourrait m'aimer comme tu aimes Louise ?

FRÉDÉRIC. Mieux encore peut-être.

MARGUERITE. Alors, je t'autorise à lui confier, au besoin, le soin de ma défense.

LE DOMESTIQUE, annonçant. Mademoiselle Lambert.

---

### SCÈNE III.

#### LES MÊMES, LOUISE.

MARGUERITE. Ah !!!... j'ai ta croix.

LOUISE, stupéfaite. Ma croix ?...

MARGUERITE. Elle était chez moi... tu l'y avais perdue avant hier... je viens de la retrouver tout à l'heure, il y a quelques minutes à peine... je t'ai envoyé Baptiste aussitôt, car tu étais bien inquiète, n'est-ce pas?...

LOUISE. Oh! oui... Marguerite, cette croix m'était bien chère... j'étais inconsolable de l'avoir... perdue, et, en la recevant de toi en ce moment... oh! viens, viens dans mes bras... je voudrais... (Elle éclate en sanglots.) Ah! comme tu es bonne!

MARGUERITE. Louise...

LOUISE, redoublant de sanglots. Comme tu es bonne, Marguerite!

FRÉDÉRIC. Mademoiselle...

LOUISE, offrant sa main à Frédéric. Merci, à vous aussi, monsieur Frédéric... merci!...

MARGUERITE. Qu'elle exaltation, mon amie, pour une chose aussi simple!...

LOUISE. Laissez... laissez-moi pleurer... il y a longtemps que je retiens me larmes devant mon père, devant tout le monde!... ailleurs, elle seraient bien amères... entre vous deux, en présence de cette croix qui me revient par vous, elles sont toutes de reconnaissance, de tendresse.

MARGUERITE. Cette tendresse restera inaltérable entre nous... et désormais, en priant sur cette croix, l'idée te viendra, n'est-ce pas, de me nommer quelquefois, après ta mère. (Montrant Frédéric.) Après lui... et Dieu jettera peut-être sur nous un regard favorable.

FRÉDÉRIC. Chère Marguerite...

LOUISE. Oh! soyez bénis, soyez bénis, nobles cœurs!...

LE DOMESTIQUE, annonçant. Monsieur Romainville, monsieur Ladorade de Bordeaux.

FRÉDÉRIC, brusquement. Au diable, ces deux hommes!...

LOUISE. Évitons-les, Marguerite.

MARGUERITE. Oui... oui...

FRÉDÉRIC, baisant la main de Louise. A bientôt, mademoiselle... à bientôt...

LOUISE, à part, avec désespoir. Je n'ose pas... je n'ose pas aller parler pour mon père à monsieur de Saint-Firmin.

MARGUERITE, entraînant Louise. Viens!... nous serons seules chez moi.

LOUISE. Il faut que je m'en retourne, mon amie...

FRÉDÉRIC, au domestique. Faites entrer...

<hr>

## SCÈNE IV.

### FRÉDÉRIC, LADORADE, ROMAINVILLE.

LADORADE, saluant. Monsieur de Saint-Firmin...

FRÉDÉRIC. Je vous salue, monsieur... Je vais vous annoncer à mon oncle...

<hr>

## SCÈNE V.

### LADORADE, ROMAINVILLE.

LADORADE. Si les compliments que nous fait monsieur le lieutenant de vaisseau ne sont guère longs, en revanche ils ne sont pas gracieux du tout...

ROMAINVILLE. Je suis fixé sur les dispositions de monsieur Frédéric à notre égard.

LADORADE. Je commence à croire que vous ne vous trompez pas, en disant que le plus grand obstacle viendra de lui.

ROMAINVILLE. L'obstacle sera plus grand encore que vous ne le pensez... Ce garçon ne procède pas par demi-mesures... Il me paraît déterminé à aller droit au but, et il ne reculera pas, croyez-le bien, devant des considérations vulgaires.

LADORADE. Vous seriez effrayant, si son oncle n'était pas des nôtres.

ROMAINVILLE. Eh! son oncle... son oncle...

LADORADE. Il est aussi suffisamment tenace dans ses idées, et suffisamment énergique dans l'action, monsieur de Saint-Firmin.

ROMAINVILLE. Sans doute... et c'est sur cette énergie que je base toute notre combinaison... mais souvenez-vous bien de ceci, mon cher Ladorade: si nous ne parvenons à enfermer le neveu dans un cercle terrible, ou si nous ne mettons sur lui une main de fer, vous n'épouserez jamais mademoiselle Louise Lambert, et je n'épouserai jamais mademoiselle Marguerite de Saint-Firmin. (Le capitaine Dubois a paru sur la porte du fond, faisant signe aux domestiques de ne point l'annoncer.)

<hr>

## SCÈNE VI.

### LES MÊMES, LE CAPITAINE.

LE CAPITAINE, très-poli, saluant Romainville. Que le ciel vous entende, monsieur Romainville!

ROMAINVILLE. Comment, monsieur?

LE CAPITAINE. Je dis : Veuille le ciel que vous n'épousiez jamais mademoiselle Marguerite de Saint-Firmin!... (A Ladorade, en le saluant.) Et veuille le ciel que vous n'épousiez jamais mademoiselle Louise Lambert!

LADORADE. Mais, monsieur...

ROMAINVILLE. Cette raillerie, venant d'un homme sérieux comme vous, monsieur, prend un caractère...

LE CAPITAINE. Ce n'est pas une raillerie, messieurs, c'est un vœu un peu téméraire peut-être, mais à la réalisation duquel, je dois vous l'avouer, je tiens énormément... Il va sans dire que, de votre côté, vous avez tous les droits imaginables de chercher à épouser les deux jeunes personnes, objet de votre choix... il y aurait niaiserie à le contester... je m'en garde donc... Mais soyez d'aussi bonne composition que moi, messieurs, daignez souffrir que je ne m'associe pas plus à vos espérances que vous ne seriez disposés à vous associer aux miennes, et sans me tenir trop rigueur, laissez-moi répéter... (A Ladorade.) Veuille le ciel que vous n'épousiez jamais mademoiselle Louise Lambert! (A Romainville.) Veuille le ciel que vous n'épousiez jamais mademoiselle Marguerite de Saint-Firmin! Sur ce, messieurs, je suis votre serviteur de tout mon cœur. (Il se dirige lentement vers le cabinet de gauche.) De tout mon cœur, messieurs. (Il disparaît.)

LADORADE, à Romainville. C'est une provocation détournée.

ROMAINVILLE, haussant les épaules. Vous êtes auss naïf que lui... ne leur adressez la parole ni à l'un ni à l'autre...

## SCÈNE VII.

FRÉDÉRIC, LE CAPITAINE, M. DE SAINT-FIRMIN, ROMAINVILLE, LADORADE, puis MARGUÉRITE.

M. DE SAINT-FIRMIN, aux domestiques. Servez le thé ici... (il cherche des yeux), et allez dire à ma nièce que je suis surpris de ne pas la voir au salon...

FRÉDÉRIC. Ma sœur était là avant vous, mon oncle...

ROMAINVILLE, voyant paraître Marguerite. Pourquoi ne pas laisser gronder M. de Saint-Firmin... il y trouve tant de plaisir... Le nôtre est de saluer Mlle Marguerite. (On salue Marguerite qui s'occupe ensuite du thé apporté par les domestiques.)

M. DE SAINT-FIRMIN. Romainville, vous me faites une mauvaise réputation.

LADORADE. M. de Saint-Firmin possède un avantage précieux sur la plupart des autres hommes; les mauvaises langues elles-mêmes ne peuvent que lui être utiles; plus on parle de lui, moins il a à perdre.

LE CAPITAINE. Charmant!... il fallait un hardi navigateur comme M. Ladorade de Bordeaux pour oser traiter la question des langues après Ésope, et pour y réussir aussi bien... n'est-ce pas M. Romainville?... (On rit, mais Romainville n'ayant rien répondu, et affectant de parler bas à Marguerite, le capitaine lui frappe sur l'épaule en répétant très-gracieusement) n'est-ce pas, monsieur Romainville?

ROMAINVILLE. Certainement, monsieur, certainement.

LE CAPITAINE. Vous étiez distrait, M. Romainville?

ROMAINVILLE. Oui, monsieur... je n'avais pas compris que votre observation me fût adressée, à moi personnellement.

LE CAPITAINE. Mais vous aviez compris le joli mot de M. Ladorade de Bordeaux...

ROMAINVILLE. Sans doute, monsieur...

LE CAPITAINE. Alors tout est pour le mieux, monsieur Romainville.

LADORADE, bas à Romainville. Il nous brocarde, je crois. (Pendant ces mots échangés entre le capitaine et Romainville, on a pris place, et Marguerite a fait verser le thé en échangeant un regard malicieux avec Frédéric, à propos de la manière dont le capitaine brocarde Romainville.)

M. DE SAINT-FIRMIN. Je suis vraiment désespéré, messieurs, que vos nombreuses occupations ne m'aient pas permis de vous réunir chez moi au moment du dîner, nous aurions parlé à table, le verre à la main, de cette grande affaire d'exportation que nous a proposée M. Romainville...

LADORADE. Cette idée vaut une mine d'or, messieurs... et j'ai l'honneur de vous faire observer qu'il faut nous hâter, car vous savez comme moi, que nous sommes menacés de la formation d'une compagnie rivale.

M. DE SAINT-FIRMIN. Plus j'y réfléchis, messieurs, plus je vois que nous allons dépenser là des sommes énormes.

ROMAINVILLE. Songez qu'il nous faut des marchandises pour fréter huit ou dix navires de commerce... et que pour protéger cette flottille, transportant une valeur pareille sur des plages encore infestées de voleurs et de pirates, il n'est pas superflu d'armer en guerre au moins deux de ces navires.

M. DE SAINT-FIRMIN. Qu'en pensez-vous, M. le lieutenant de vaisseau?

FRÉDÉRIC. Je pense, mon oncle, que si l'on réunissait tant de richesses sur de pauvres petits navires désarmés, il y aurait imprudence à les aventurer dans les parages dont il est question.

M. DE SAINT-FIRMIN. Eh! bien, nous en armerons deux.

ROMAINVILLE. Cela va porter notre fonds de commerce à cinq ou six millions... croyez-vous, messieurs, que nous ayons besoin d'appeler à nous beaucoup de capitalistes, ou si vous entendez faire cette somme entre nous et les personnes...

LADORADE. Mais...

ROMAINVILLE. M. de Saint-Firmin s'est déjà offert, j'ai eu l'honneur de vous le dire, pour une somme très-importante... il ne restait plus que...

FRÉDÉRIC. Ha!... vous mettez beaucoup d'argent dans cette entreprise, mon oncle?...

LE BARON. Il faut bien que je trouve à gagner de quoi réparer vos folies, et les placements ridicules que vous m'aviez fait faire... chez ce malheureux Lambert...

FRÉDÉRIC. Des placements ridicules chez M. Lambert, mon oncle!...

LE BARON. Oui, ridicules... et je fus un fou moi-même de céder à vos...

## SCÈNE VIII.

### LES MÊMES, VALENTIN.

LE DOMESTIQUE, au fond. Un employé de chez M. Lambert est là qui...

M. DE SAINT-FIRMIN. Nous sommes occupés... que l'on vienne plus tard.

MARGUERITE. C'est M. Valentin, mon oncle...

M. DE SAINT-FIRMIN. Eh bien! que M. Valentin revienne... ce soir... demain...

VALENTIN, très-embarrassé et très-timide. Monsieur... ce soir... demain... il serait trop tard.

FRÉDÉRIC. Remettez-vous, mon cher Valentin... mon oncle va avoir la bonté de vous revoir dans son cabinet, si vous désirez l'entretenir en particulier.

M. DE SAINT-FIRMIN. Soit... venez...

MARGUERITE. Suivez mon oncle, M. Valentin.

VALENTIN. C'est une prière que je viens vous adresser, monsieur... et... tous les membres de votre famille doivent l'entendre...

M. DE SAINT-FIRMIN. On vous écoute donc.

VALENTIN. A une époque déjà loin de nous, la famille Lambert eut le bonheur de rendre des services importants à la famille de Saint-Firmin...

M. DE SAINT-FIRMIN. On sait cela.

VALENTIN. Aujourd'hui, monsieur, la famille Lambert est menacée à son tour d'une catastrophe terrible...

FRÉDÉRIC et MARGUERITE. Ah!...

VALENTIN. Si personne ne vient à son secours, notre digne et malheureux patron, que la maladie et des revers de fortune accablent à la fois, notre digne et malheureux patron, monsieur, est menacé de perdre le dernier espoir de salut qui lui restât...... faute de quelques mille francs, sa faillite va être prononcée.

FRÉDÉRIC. Ah! je comprends maintenant...

VALENTIN. Mademoiselle Louise était partie de l'atelier pour venir vous demander ce secours... elle y est rentrée tout en pleurs sans avoir osé vous raconter ce qui se passe.

MARGUERITE. Mon oncle...

VALENTIN. M. de Saint-Firmin, si le passé n'est pas effacé de votre mémoire, le jour est venu de rendre à la famille Lambert ce qu'elle a fait pour la vôtre.

FRÉDÉRIC. Vous n'hésitez pas, mon oncle...

MARGUERITE. Oh! vous les sauverez...

M. DE SAINT-FIRMIN. Eh, mon Dieu...

VALENTIN. Monsieur...

MARGUERITE. Ils doivent bien souffrir... et nous ne savions rien!... O mon oncle, rendez-les au repos... rendez-les à l'espérance!...

M. DE SAINT-FIRMIN. Je ne demanderais pas mieux, mais...

FRÉDÉRIC. Il ne s'agit que de quelques mille francs!... Pour vous qui voulez aventurer une grosse somme dans une entreprise hasardeuse, quelques mille francs ne signifient absolument rien.

M. DE SAINT-FIRMIN. Assez, Frédéric!... Le ton que tu prends avec moi m'importune, à la fin... C'est déjà pour te faire plaisir que j'ai jeté beaucoup d'argent dans le gouffre creusé devant Lambert...

FRÉDÉRIC. Eh quoi!... nous laisserions...

M. DE SAINT-FIRMIN à Frédéric, avec sévérité. Je sais mieux que toi où commencent et où finissent les devoirs qui me sont imposés par nos relations passées avec les Lambert.

FRÉDÉRIC. Vos relations d'affaires sont passées, mais les actes, mais les vertus des Lambert restent, mon oncle...

M. DE SAINT-FIRMIN. Silence, monsieur! — J'espère que vous n'oserez plus m'outrager d'une telle leçon...

FRÉDÉRIC. Mais, mon oncle...

M. DE SAINT-FIRMIN. Silence, vous dis-je... et sortez!

MARGUERITE. Oh! non... non!... révoquez cet ordre cruel!...

M. DE SAINT-FIRMIN. Assez!... assez... toi aussi... (à Valentin.) Retirez-vous! et dites à M. Lambert que je serai toujours prêt à l'assister dans ses besoins personnels, mais que je n'ai plus rien à sacrifier pour ses affaires industrielles, affaires d'ailleurs qu'il lui est impossible de relever aujourd'hui... Allez, mon garçon.

FRÉDÉRIC. Oh!!! mon père leur devait la vie: l'ombre de mon père nous regarde aussi, et je suis pauvre, moi... Attendez, Valentin. Capitaine Dubois, prends cette épée... porte-la au ministre de la marine; dis-lui que je l'avais reçue pour défendre l'honneur de la France... dis-lui: Que la France n'ayant plus besoin du dévouement de ses enfants, moi, mon ami... moi je rends cette épée qui serait devenue glorieuse peut-être.

LE CAPITAINE. Ami!...

FRÉDÉRIC. Supplie le ministre de vouloir bien la reprendre, pour qu'il me soit possible d'aller reconnaître dans l'atelier de Lambert les services rendus à ma famille.

MARGUERITE. Mon noble frère!...

FRÉDÉRIC. Oui, Valentin, prévenez M. Lambert de ma détermination... Dès ce soir, je suis son associé, en attendant que je sois son gendre... et si une catastrophe doit le frapper, elle frappera Lambert et Saint-Firmin.

VALENTIN. A nous deux, monsieur, ce n'est pas seulement la maison que nous pourrions relever, c'est le Panthéon, s'il était tombé...

MARGUERITE, se jetant aux genoux de son oncle. Mon oncle!... mon oncle!...

ROMAINVILLE, bas à Ladorade en désignant Frédéric. Enfin!... il est à nous...

FIN DU DEUXIÈME ACTE.

# ACTE III

Le théâtre représente le grand atelier d'un maître mécanicien. Forges, enclumes, établi pour les ouvriers qui montent des pièces de mécanique.

## SCÈNE PREMIÈRE.

VALENTIN, PIPETTE, Un jeune Apprenti, Vingt Ouvriers divers. Valentin et Pipette ont une blouse par dessus leur costume ordinaire... ils travaillent comme les autres ouvriers. (Au lever du rideau tous travaillent activement).

VALENTIN, travaillant à sa forge.

Air nouveau de M. Borsat fils.

Dans mon village, compagnons,
Savez-vous ce que nous voyons,
Quand ma forge s'allume,
Quand la flamme jaillit?

LE CHŒUR, avec accompagnement de marteaux.

Flou! flou! flou! flou!

VALENTIN.

Quand sur ma bonne enclume,
Le marteau retentit.

LE CHŒUR.

Pan! pan! pan! pan!
Pan! pan! pan! pan!

VALENTIN.

Du haut de sa tourelle,
Le coq en sentinelle,
Alors que l'aube luit
Et que l'étoile fuit.

(L'apprenti posé au milieu de la scène regarde avec un bout de tuyau comme avec une longue-vue.)

LE CHŒUR.

St! st! st! st!

VALENTIN.

Le coq battant de l'aile,
De sa voix la plus belle
Chante la diane, et l'écho,
Nous répète en fanfare un long coquerico!

LE CHŒUR.

Coquerico!
Coquerico!

VALENTIN.

Et l'on voit, sur la branche,
Le moineau qui se penche
Caresser au réveil
Son vieil ami soleil.

LE CHŒUR.

Piou! piou! piou! piou!

VALENTIN.

Et la couveuse ardente,
Mère sage et vaillante,
S'en va montrant à ses petits
Les grains que le bon Dieu pour eux pend aux épis.

LE CHŒUR.

Kké! kké! kké! kké!

VALENTIN.

Et la tendre fillette
Laisse prendre, en cachette,
Un baiser au vainqueur
Qui fait faire à son cœur.

LE CHŒUR.

Tic-tac! tic-tac!

VALENTIN.

Et le berger alerte
Devant l'étable ouverte,
En commandant à des moutons,
Se croit un potentat devant ses escadrons.

LE CHŒUR.

Bêêh! bêêh! bêêh! bêêh!
Bêêh! bêêh! bêêh! bêêh!

VALENTIE.

Dans mon village, compagnons,
C'est bien là ce que nous voyons
Quand la forge s'allume,
Quand la flamme jaillit,
Quand sur la bonne enclume
Le marteau retentit.

LE CHŒUR,

Flou! flou! flou!
Pan! pan! pan!
Flou! flou! flou!
Pan! pan! pan!

L'APPRENTI. En avant deux!... (Ils dansent un peu grotesquement).

PIPETTE. Le quatrième couplet, Valentin!

PREMIER OUVRIER. Oui un quatrième couplet en guise de dessert, puisqu'il est convenu que nous ne vivons plus que de chansons, ici.

UN TOUT JEUNE OUVRIER, gamin de Paris, il chante.

« Il vit de son
« Il vit de son
« Il vit de son domaine,
« De son
« Il vit de son domaine.

(Parlé.) C'était la plus ronflante à grand papa, celle-là...

« J'étais mise en satin blanc,
« Souvenez-vous en, Souvenez-vous en.
« Mes culottes de velours.
« Qu'j' regretterai toujours... »

(Parlé.) Monsieur et madame Denis... ah! si j'avais son répertoire à grand papa...

PREMIER OUVRIER. Au lieu de la culotte à grand papa, il vaudrait mieux, mousse, que tu nous servisses une culotte de bœuf.

LE JEUNE OUVRIER. Donne-moi d'abord les fonds et je te monterai des culottes tant que t'en voudras... à la mode même, si tu y tiens.

VALENTIN. Il ne tient qu'à une chose, le pleurard.

PREMIER OUVRIER. Le pleurard!

VALENTIN. C'est à répéter vingt-cinq mille fois par jour qu'on ne lui a pas payé sa quinzaine.

DEUXIÈME OUVRIER. C'est vrai cela ... il va cancaner partout comme une portière qu'il est, que nous avons juré sur nos enclumes de ne plus manger que du pain sec et de ne plus boire que de l'eau jusqu'à ce que maître Lambert, et notre jeune patron, monsieur Frédéric, aient rétabli la maison sur un pied un peu plus cossu.

PREMIER OUVRIER. Et puis après? quand bien même j'irais cancaner cela?

DEUXIÈME OUVRIER. C'est pas délicat, tiens.

PREMIER OUVRIER. A qui donc que ça fait du tort, voyons, toi?

DEUXIÈME OUVRIER. A la maison et à tout l'atelier, ça en fait... on a l'air de ne pas pouvoir se priver un peu, pour aider de crânes et loyaux patrons.

PREMIER OUVRIER. Je ne l'entendais pas comme ça... moi...

VALENTIN, au deuxième ouvrier. Bien parlé, l'Auvergnat!

PIPETTE. Allons! allons! n'abîmez pas trop le camarade; ça n'a pas encore fait la grande guerre, et quand il ne voit pas fumer la soupe, il perd la tête comme un caniche qui n'a plus de domicile... Mon fiston, si tu avais été obligé de conquérir l'Afrique et la Crimée, tu trouverais que ton pain sec et ton eau, font un repas des plus mirobolants!...

VALENTIN, Bien parlé, Pipette.

LE JEUNE OUVRIER. Il a mangé des fritures de serpent, notre guerrier Pipette.

PREMIER OUVRIER. Et moi je les mangerais crus, vos serpents, plutôt que de laisser croire à n'importe qui que je suis un lapin à bouder devant quelques jours de misère...

VALENTIN. Allons donc! je savais bien qu'il ne devait plus rester parmi nous que des compagnons solides à la besogne, dévoués au courage... Si je m'étais trompé, s'il y avait encore ici quelqu'un plus attaché à son bien-être qu'au devoir que nous nous sommes librement imposé, qu'il parle!... j'ai de l'argent à lui offrir... en voilà!... (Mouvement, exclamations. Valentin prend un sac de mille francs au petit bureau placé à droite). Mais je veux vous dire d'où il vient, cet argent... Une jeune fille avait été recueillie au foyer de la famille Lambert. Elle y était traitée à l'égal de l'enfant de la maison... vous la connaissez presque tous... c'était la sœur de lait de mademoiselle Lambert.

QUELQUES OUVRIERS. Fanny!

VALENTIN. Fanny, l'indigne Fanny... En apprenant les désastres survenus ici, et les sacrifices que nous nous imposons. Fanny la débauchée, Fanny la fille perdue, Fanny s'est hâtée de m'envoyer, à moi-même, ce superbe sac d'écus... Voyons!... ne nous gênons pas... En veut-on de cet argent?...

TOUS. Non ! non !

VALENTIN. Quelqu'un en mangerait-il de ce pain-là ?...

PREMIER OUVRIER. A la ferraille son sac d'écus !...

TOUS. A la ferraille ! ! !

VALENTIN, *jetant le sac.* Au fumier, l'argent amassé dans la honte et l'infamie !!...

TOUS. Au fumier ! ! !

VALENTIN. Après cela compagnons... Quatrième couplet.

---

## SCÈNE II.

LES MÊMES, FRÉDÉRIC, *aussi en tenue de travail, casquette et veste de cabinet.*

LE JEUNE OUVRIER. Non !... Voilà monsieur Frédéric !

TOUS, *travaillant.* Vive monsieur Frédéric !

FRÉDÉRIC. Merci, merci, mes amis... je vois que vous menez la besogne avec plus d'ardeur que de coutume... Ah ! je vous reconnais bien là !... vous avez compris que c'est une véritable bataille que nous livrons, et vous attaquez l'ouvrage comme vous attaqueriez l'ennemi... Eh bien ! je vous le dis à mon tour, honneur à vous !... honneur au pays où se trouvent par millions des cœurs comme les vôtres !

LE JEUNE OUVRIER, *venant se poser militairement devant Frédéric.* Et sous votre commandement, mon général, nous les gagnerons toutes, les batailles !...

TOUS, *redoublant de travail.* Oui... oui...

FRÉDÉRIC. Que Dieu vous entende, enfants !... Les armes qui nous ont manqué depuis un mois que je suis avec vous, vont nous arriver bientôt, je l'espère... voici déjà de quoi les attendre avec patience ; Valentin, partagez-leur cet à-compte, prenez une demi-heure de plus qu'à l'ordinaire pour faire votre repas et buvez à notre victoire prochaine ! (*Il donne un billet de banque à Valentin.*)

LE JEUNE OUVRIER. Et à la prompte guérison du pauvre monsieur Lambert...

TOUS, *se préparant à sortir.* A la santé de monsieur Lambert !

FRÉDÉRIC. Bien, bien, mes amis !

REPRISE DU CHŒUR, *en sortant.*

(*L'apprenti qui a reçu le billet de banque des mains de Valentin, le montre aux ouvriers en chantant la partie qui imite le gloussement de la poule couveuse.*)

Kké ! kké ! kké !

(*Les ouvriers partent en chantant.*)

Piou ! piou ! piou ! piou !

(*Louise et Marguerite sont sur la porte du cabinet de Frédéric pendant le défilé des ouvriers qui se découvrent en passant devant elles.*)

---

## SCÈNE III.

LOUISE, FRÉDÉRIC, MARGUERITE.

MARGUERITE, *enthousiasmée de son frère.* Je suis venue en cachette... je voulais te voir au milieu de tes nouveaux soldats, et je voulais aussi embrasser notre chère Louise.

FRÉDÉRIC. Notre oncle est-il toujours ?...

MARGUERITE. Toujours sombre et impénétrable... cependant il m'a fait appeler ce matin dans son cabinet, et, me prenant la main pour la première fois depuis cette terrible scène, il m'a dit qu'il aurait une proposition à nous faire, à toi et à moi.

FRÉDÉRIC. Comment ?...

MARGUERITE. Je ne sais pas autre chose... En me congédiant il a répété deux fois d'un ton tellement sinistre que j'en frisonne encore : « Ainsi, « mademoiselle, votre avenir va dépendre de « votre frère... S'il dit *oui*, je vous permettrai « peut-être d'épouser votre capitaine Dubois... « S'il dit *non*... j'aviserai, quant à vous... Quant « à lui... » Il a fait un geste furieux, et il a refermé la porte sans ajouter un mot.

FRÉDÉRIC. Il n'a eu garde de dire que c'est Romainville et lui qui ont fait donner l'ordre au capitaine Dubois de retourner instantanément en Afrique... Quelles ruses ont-ils employées pour déterminer le ministre de la guerre, je l'ignore... toujours est-il que si notre oncle avait eu seulement l'*arrière*-pensée de te *permettre* d'épouser mon loyal ami, il l'aurait laissé à Paris.

LOUISE. Cette arrière-pensée a pu lui venir depuis le départ de monsieur le capitaine Dubois...

FRÉDÉRIC. Que sais-je ! j'entrevois de si étranges complications dans tout ce qui se passe autour de nous, que je vais finir par ne plus en croire ni mes yeux, ni mes oreilles.

MARGUERITE. Crois-en toujours ton cœur, Frédéric... Il ne bat si fort que pour nous assurer plus vite à tous un bonheur qu'il nous sera bien doux de te devoir...

LAMBERT, *au dehors d'une voix étouffée.* Frédéric !

LOUISE. La voix de mon père !...

LAMBERT. Frédéric ! Louise !...

LOUISE, *courant effrayée.* Il a quitté son lit, l'imprudent !

---

## SCÈNE IV.

LES MÊMES, LAMBERT.

LAMBERT, *paraissant en désordre de malade.* Cachez-vous, Frédéric !... Ils sont là... courez !... Mais courez donc !... Les gardes du commerce vont vous arrêter tous les deux...

FRÉDÉRIC. Quoi ! Zimmermann...

LAMBERT. Zimmermann nous a trahis.

LES DEUX JEUNES FILLES. Oh !...

LAMBERT. Il leur a livré les jugements qu'on avait pris contre moi... et qui sont maintenant contre nous deux... sortez vite !... Sauvez-vous au moins, vous, ou tout est perdu...

FRÉDÉRIC. Me cacher !... fuir comme un malfaiteur... jamais !

MARGUERITE. Frère !...

LAMBERT. Il n'est plus temps !...

LOUISE. Mon père ! mon père ! (*L'huissier paraît suivi des gardes du commerce et de Zimmermann.*)

## SCÈNE V.

LES MÊMES, L'HUISSIER, ZIMMERMANN, LES GARDES DU COMMERCE.

FRÉDÉRIC, *saisissant Zimmermann au collet et le menant à l'avant-scène.* Quel était le marché que nous avions fait ensemble ? Quelles étaient tes promesses, fripon ?

ZIMMERMANN. Un peu de patience, mon bon monsieur.

FRÉDÉRIC. Comment oses-tu ?...

L'HUISSIER. Monsieur, si vous voulez me le permettre, je vais prendre la liberté de vous expliquer tout de suite pourquoi j'ai le chagrin de venir exercer ici une des plus tristes charges de mon ministère... Vous êtes peut-être peu au courant des minuties de la procédure commerciale, et...

FRÉDÉRIC. Parlez, monsieur.

L'HUISSIER. Au moment où monsieur Lambert était sous le coup de plusieurs jugements du tribunal de commerce, portant la prise de corps, vous êtes intervenu dans ses affaires... vous vous êtes associé avec lui, acceptant sans réserve aucune et solidairement entre vous deux, le passif et l'actif de sa situation industrielle.

FRÉDÉRIC. Oui, monsieur.

L'HUISSIER. Acte est intervenu dans ce sens.

FRÉDÉRIC. Acte authentique, irrévocable.

LAMBERT. Ah! je ne voulais pas y consentir.

L'HUISSIER. Les remboursements pour lesquels on poursuivait monsieur Lambert, formaient une somme d'environ dix mille francs.

FRÉDÉRIC. D'accord.

L'HUISSIER. Quatre ou cinq jours après, les derniers délais étant expirés, les jugements sont devenus exécutoires, non plus contre monsieur Lambert seulement, mais contre messieurs Lambert et Frédéric, tous deux chefs solidaires de la ci-devant maison Lambert.

FRÉDÉRIC. C'est juste!

L'HUISSIER. Pour éviter la prise de corps, vous avez dû vous procurer de l'argent et vous êtes allé en demander au nommé Zimmermann qui vous a fait l'avance de dix mille francs, mais en exigeant qu'il fût régulièrement substitué aux créanciers qu'il s'agissait de satisfaire, de sorte qu'il a conservé contre vous deux...

FRÉDÉRIC. Les mêmes droits que les créanciers... je sais cela encore... mais comme la durée de la contrainte par corps allait assez loin, je m'étais entendu avec ce misérable pour qu'il gardât les jugements par devers lui au moins pendant trois mois.

L'HUISSIER. Ce n'était là qu'une convention verbale entre Zimmermann et vous.

FRÉDÉRIC. C'était un engagement *pris volontairement par lui,* en présence de plusieurs personnes qui pourraient témoigner.

L'HUISSIER, *tristement.* Ah! monsieur!...

FRÉDÉRIC. Mais enfin il y a un autre marché...

ZIMMERMANN. Non, non, mon bon monsieur.

FRÉDÉRIC. Qu'oses-tu dire ?...

ZIMMERMANN. Je suis sous la protection de la loi, messieurs, j'ai payé dix mille francs pour vous... je vous faisais cette avance parce que j'avais toute confiance dans la haute position de la famille de monsieur de Saint-Firmin... mais ayant appris depuis deux jours seulement que monsieur de Saint-Firmin veut déshériter monsieur Frédéric, toute espèce de sécurité disparaît pour moi... et sans m'embarrasser davantage de la manière bien peu honnête dont vous me parlez, je vous dis que j'ai peur, oui, j'ai peur de perdre mon pauvre argent... c'est pourquoi je poursuis tout de suite avec la plus grande rigueur... mon bon monsieur... ah, mais...

FRÉDÉRIC. Allons!... vous avez raison. Monsieur Lambert, nous sommes encore une fois trahis...

LOUISE, *à Frédéric.* Et c'est pour nous... c'est toujours pour nous que vous allez...

MARGUERITE. Oh! mon oncle ne permettra pas qu'on te garde en prison.

L'HUISSIER. Hélas! mademoiselle... ne comptez pas sur monsieur votre oncle, en ce moment du moins... avant de venir ici je suis allé le voir moi-même... et...

MARGUERITE. Grand Dieu!...

FRÉDÉRIC. Retourne près de lui, Marguerite... ne lui fais aucune demande en mon nom... mais raconte-lui cependant ce que tu viens d'entendre.

MARGUERITE. Toi... toi, en prison... c'est impossible...

FRÉDÉRIC, *à l'huissier.* Monsieur, à qui faut-il que je m'adresse pour conserver au moins encore une heure de liberté, est-ce à ce...

ZIMMERMANN. Moi, je n'oserais pas vous accorder cinq minutes, mon bon monsieur... tout le monde me dit que mon pauvre argent est perdu.

LAMBERT, *accablé dans les bras de sa fille.* Oh !

L'HUISSIER. La loi est précise, monsieur... depuis un moment vous êtes notre prisonnier.

FRÉDÉRIC. Quoi! on ne me laisserait pas une heure pour essayer de parer à ce coup imprévu ?

L'HUISSIER. Une heure ?...

FRÉDÉRIC. Une heure seulement.

ZIMMERMANN. Non... non...

L'HUISSIER. Moi je vous en accorde deux, monsieur, je vous les accorde sur parole.

FRÉDÉRIC. Merci, merci, monsieur.

ZIMMERMANN, *à l'huissier.* Mais...

L'HUISSIER, *à Zimmermann.* Cela ne vous regarde pas... si dans deux heures monsieur Frédéric de Saint-Firmin ne vient pas se constituer lui-même prisonnier entre mes mains, c'est moi qui serai responsable de vos dix mille francs, et je vous les payerai sur-le-champ... retirez-vous, vous n'avez plus rien à faire ici!

FRÉDÉRIC, *serrant la main à l'huissier.* Vous êtes un honnête homme, monsieur, et vous avez raison de vous en rapporter à ma parole...

L'HUISSIER. Dans deux heures je viendrai vous reprendre ici-même, monsieur, et dans le cas où vous ne trouveriez pas cet argent, j'aurai suffisamment fait constater la maladie de monsieur Lambert pour qu'il me soit possible de le laisser au moins chez lui...

LOUISE, *à l'huissier.* Si vous faites cela, je vous devrai la vie de mon père, monsieur... (*L'huissier sort avec sa suite.*)

FRÉDÉRIC. Pars, Marguerite!...

MARGUERITE. Oui, et je n'ai pas perdu tout espoir.

FRÉDÉRIC. Courage aussi, monsieur Lambert!... courage, Louise! (*Il sort avec Marguerite en rencontrant Valentin sur la porte, il l'entraîne disant :*) Valentin! viens, viens avec moi, Valentin!

## SCÈNE VI.

### LOUISE, LAMBERT.

LAMBERT, *assis et parlant avec peine.* C'en est fait, mon enfant, la main de Dieu s'est appesantie sur nous... je n'avais pourtant jamais fait de mal à personne, moi.

LOUISE, *à genoux devant son père.* Confions-nous en sa miséricorde, mon père... Qu'il vous accorde un peu de force... ma tendresse saura ramener le calme dans votre esprit.

LAMBERT. Ne l'espérons plus, mon enfant... J'ai là, vois-tu, un remords poignant... Je ne me pardonnerai pas d'avoir cédé à l'exaltation de Frédéric, à la téméraire certitude qu'il avait de dominer la tempête déchaînée contre nous...

LOUISE. Ses prévisions et ses calculs vous paraissaient très-sages cependant..., son exaltation et sa certitude, vous les partagiez, mon père.

LAMBERT. Oui ; mais le monde, mais son oncle... si nous succombons, ne s'en prendront qu'à moi : on dira que j'ai voulu spéculer sur le passé, sur les services autrefois rendus, sur l'amour que ce loyal jeune homme a conçu pour toi peut-être...

LOUISE, *se jetant avec transport au cou de son père.* Oh !...

LAMBERT. Tu ne le connais pas ce monde...

LOUISE. Chassez, chassez cette épouvantable pensée, mon père.

LAMBERT. Ah ! mon enfant.

LOUISE. Non ! non !... non ! personne n'oserait dire une telle infamie.

---

## SCÈNE VII.

### LES MÊMES, ROMAINVILLE.

ROMAINVILLE. Hélas ! vous vous trompez beaucoup, mademoiselle.

LOUISE, *se relevant avec une grande audace.* Quoi !...

ROMAINVILLE. Depuis que M. de Saint-Firmin a rendu sa vaillante épée pour venir à votre secours, on parle de vous et de lui dans tout Paris, exactement dans les termes que votre père...

LOUISE, *exaltée.* Silence, vous, au moins !

ROMAINVILLE. Moi, je ne veux pas dire que...

LOUISE. Silence !... Je tiens pour complice des plus ignobles calomniateurs quiconque a l'insolence d'ouvrir la bouche devant moi pour prononcer même une insinuation de ce genre.

ROMAINVILLE. Je me tais, mademoiselle, par respect pour votre légitime indignation.

LOUISE. Et vous faites bien... Je n'étais qu'une pauvre créature, toujours timide, toujours tremblante ; les malheurs de mon père allaient m'abattre : l'outrage me relève, monsieur... Si je ne puis protéger ce pauvre vieillard, l'honneur et la probité mêmes... si je ne puis seconder le dévoûment de celui qui n'a pas craint de se perdre pour nous sauver... ne vous riez pas de nous... ne triomphez pas encore, vous dis-je, car vous me trouverez toujours sur votre chemin.

LAMBERT. Ma fille !... ma fille !...

LOUISE, *à Romainville.* Qu'êtes-vous venu faire ici... que voulez-vous de moi ? Parlez !...

LAMBERT. Louise, reviens à toi... tu as mal entendu M. Romainville.

ROMAINVILLE. N'agitons pas ce pénible débat, M. Lambert... Moi, je comprends, je le répète, l'indignation de mademoiselle Louise à propos des perfides rumeurs que l'on cherche à propager.

LOUISE, *que son père ne peut contenir.* Parlez, parlez, monsieur !... que nous voulez-vous enfin ?...

ROMAINVILLE. Je suis envoyé vers vous, M. Lambert, et vers vous, mademoiselle Louise, par l'oncle de M. Frédéric.

LAMBERT. Par M. de Saint-Firmin...

ROMAINVILLE. Oui, monsieur... et ma mission est si délicate que je vous supplie de m'accorder toute votre bienveillante attention.

LAMBERT. Dites, dites, monsieur.

ROMAINVILLE, *jouant l'embarras.* C'est difficile... Je vais commencer par ce qui m'afflige le plus. M. de Saint-Firmin, malgré les relations d'intimité qui ont existé entre vous et lui, M. de Saint-Firmin n'a jamais eu l'intention de consentir à ce que son neveu demandât la main de mademoiselle Louise.

LAMBERT. Je craignais cela, monsieur.

ROMAINVILLE. Ce fut pour tâcher d'amoindrir l'inclination toute naturelle de M. Frédéric pour mademoiselle Louise, qu'il retira, il y a cinq ans, les fonds engagés chez vous...

LOUISE. Ha !... ce fut à cause de moi que...

LAMBERT. Louise !...

ROMAINVILLE. Il n'osa pas alors, je dois le dire, brusquer une rupture complète entre les deux familles, mais...

LOUISE. Mais ?

ROMAINVILLE. Mais il était fermement résolu, si jamais Frédéric lui parlait de ce mariage, de s'y opposer de toute son autorité, et par tous les moyens...

LOUISE, *indignée et se retenant.* Assez, monsieur... Que M. de Saint-Firmin daigne se rassurer ! S'il avait parlé plus tôt, je ne l'aurais pas laissé dans d'aussi cruelles perplexités. J'aime son neveu, je ne le cacherai à personne... je ne cesserai jamais de l'aimer, je l'avoue encore... mais je ne lui permettrai pas de contracter un mariage qui perpétuerait son désaccord avec le chef de sa famille...

LAMBERT. Certainement, monsieur, il aurait dû parler plus tôt... nous serions alors restés chacun de notre côté... sous aucun prétexte je n'aurais consenti, moi, à ce que M. Frédéric vînt partager mes travaux, encourir les dangers de ma position industrielle... et j'aurais évité surtout de laisser naître dans le cœur de ma fille chérie des espérances qui ne devaient aboutir qu'à des larmes...

LOUISE. N'accusez pas Frédéric, mon père, il n'est pas plus coupable que vous et moi.

LAMBERT. Non, certes, je ne l'accuse pas... mais M. de Saint-Firmin.

LOUISE. Est-ce tout, monsieur ?

ROMAINVILLE. Non, madame... Comme vous pouvez le penser, M. de Saint-Firmin ne me fait pas faire une démarche semblable sans avoir réfléchi à tout... si Mlle Louise se détermine à refuser elle-même, de devenir la femme de M. Frédéric, M. de Saint-Firmin s'engage à...

LOUISE. Allez lui dire que je ferai ce qu'il me demande... et que je le ferai sans condition aucune.

ROMAINVILLE. Il connaîtra cette digne et généreuse réponse, mademoiselle... mais il existe des faits importants qu'il faut régulariser... (A Lambert.) Ainsi, M. Frédéric, votre associé actuel, est menacé, comme vous, de la prison pour dettes ?...

LAMBERT. Eh bien?

ROMAINVILLE. Eh bien, monsieur... son oncle vous pose ainsi la question... Voulez-vous vendre votre maison, votre position telle qu'elle est à l'heure où nous parlons?...

LAMBERT. Je n'ai plus ma maison tout entière... M. Frédéric en possède déjà une moitié.

ROMAINVILLE. Si vous voulez vendre la moitié qui vous reste, M. de Saint-Firmin vous l'achète lui-même, il vous paie tout, il devient ainsi l'associé de son neveu... on confie l'atelier à Valentin, et l'on vous fait une rente viagère de six mille francs, reversibles après vous sur la tête de Mlle Louise... Voilà un acte provisoire tout préparé.

LAMBERT. Certes, il y a trois mois que ma maison ne vaut plus autant que cela.

LOUISE. Cédez votre maison, mon père... mais refusez la pension que l'on vous offre, nous ne recevons l'aumône de personne...

LAMBERT, à Louise. Je signe donc, pourvu que l'on paie l'arriéré...

LOUISE. Oui, mon père. (Elle le conduit au bureau.)

LAMBERT, à Romainville. L'arriéré entier... c'est-à-dire tout ce que j'aurais dû payer moi-même, et tout ce qu'aurait dû payer Frédéric.

ROMAINVILLE. C'est ainsi que l'acte est fait, M. Frédéric reste libéré absolument comme vous...

LAMBERT. C'est tout ce que je désire... nous vivrons à la grâce de Dieu... et, l'on ne dira plus que j'ai voulu spéculer sur les vertus de ma famille.

LOUISE, à part. Le voilà heureux, lui!

LAMBERT, signant l'acte. « J'approuve, sauf l'ar-
« ticle relatif à la rente de six mille francs, lequel
« article est et demeure nul. Lambert. » Voilà monsieur... Je puis mourir maintenant!... le vieux nom des mécaniciens Lambert n'aura pas été flétri par la faillite... mais toi, Louise...

LOUISE. Partons, mon père... quittons Paris sur-le-champ... nous avons un asile tout prêt, dans la famille de ma mère.

LAMBERT. Il faut au moins que j'explique à Frédéric...

LOUISE. Non, non... son oncle lui dira tout... venez, au nom du ciel!... partons!!!... partons sans le revoir!!!...

ROMAINVILLE. Le voici.

LOUISE, vivement. Surtout, ne lui parlez de rien.

## SCÈNE VIII.

### LES MÊMES, FRÉDÉRIC.

FRÉDÉRIC. Victoire, M. Lambert!... victoire, chère Louise!... j'ai dix mille francs dans ma poche; ce brave huissier n'a plus qu'à se présenter... cette fois nous ne serons plus trahis par personne, je vous le jure... Comme vous me regardez! ha!... je n'avais pas vu monsieur?... Que se passe-t-il?... des larmes, M. Lambert!

LOUISE, éclatant en sanglots. Adieu!! adieu!!!

FRÉDÉRIC. Louise!

LOUISE. Louise est morte... morte pour toi, mon bien-aimé.

FRÉDÉRIC. Ciel!...

LOUISE. Oui!... c'est moi... c'est moi qui te trahis maintenant...

FRÉDÉRIC. C'est un rêve... ma tête se perd... Louise! Louise!...

LOUISE, disparaissant. Adieu!

## SCÈNE IX.

### M. DE SAINT-FIRMIN, FRÉDÉRIC, ROMAINVILLE.

M. DE SAINT-FIRMIN, se plaçant devant Frédéric, qui veut suivre Louise. Louise ne consent plus à devenir votre épouse, monsieur!...

FRÉDÉRIC, à Romainville. Ah! c'est vous qui l'avez épouvantée... c'est vous qui l'arrachez à mon amour, malheur!... malheur!...

FIN DU TROISIÈME ACTE.

# ACTE IV

La scène se passe près du port de Marseille. — Le théâtre représente une terrasse élevée formant parterre de fleurs. — Balustrade au fond. — Charmille à gauche. — Habitation de Lambert et de Louise à droite. — La mer et les côtes de Provence en perspective, au coucher du soleil.

## SCÈNE PREMIÈRE.

### LADORADE, LA MÈRE REINETTE.

LA MÈRE REINETTE. Vous dites donc, aimable Gascon, que vous vous êtes réconcilié avec votre oncle Lambert, et même avec votre cousine mademoiselle Louise, depuis qu'ils habitent Marseille?

LADORADE. Cette réconciliation ne devait pas être difficile, mère Reinette.

LA MÈRE REINETTE. Et ils vous reçoivent chez eux, ici, à Marseille?

LADORADE. Me recevoir? que diriez-vous donc si mademoiselle Louise finissait par devenir, un jour, madame Ladorade de Bordeaux?

LA MÈRE REINETTE. Poah! voilà que votre outre-cuidance gasconne recommence à me travailler les nerfs, comme la nuit de l'écureuil.

LADORADE. Nous verrons bien... mais vous qui parlez si à votre aise d'estime et de bon accueil, vous ne feriez pas mal de m'expliquer un peu comment, après l'ignoble conduite de votre associé Zimmermann, lors des dix mille francs prêtés à monsieur Frédéric, vous avez eu l'effronterie de venir en quelque sorte vous installer ici?

LA MÈRE REINETTE. Zimmermann est un fripon qui m'a trompée, moi, plus ignoblement encore, qu'il n'avait trompé monsieur Frédéric.

LADORADE. La chose a dû être forte alors.

LA MÈRE REINETTE. Je l'ignorais, cette affaire des dix mille francs.

LADORADE. Ah!

LA MÈRE REINETTE. Sans cela...

LADORADE, à part. Que vient-elle faire à Marseille?

LA MÈRE REINETTE. Dites-moi plutôt, vous qui devez savoir si, à part la plaie terrible que l'orgueil de monsieur de Saint-Firmin leur a faite là... l'existence qu'ils mènent ici est au moins supportable?

LADORADE. Oh! une circonstance des plus heureuses s'est présentée. Vous savez que pour parer aux poursuites de Zimmermann, monsieur Frédéric avait trouvé de l'argent.

LA MÈRE REINETTE. Oui... c'était une avance qu'on lui faisait sur un voyage au long cours, où il devait commander quelques navires de commerce.

LADORADE. C'est cela... une véritable flottille, une entreprise faite par une compagnie d'exportation, qui s'était constituée en concurrence d'une compagnie semblable que nous voulions former nous-mêmes, au moyen des grands capitaux de messieurs de Saint-Firmin.

LA MÈRE REINETTE. Je sais... Monsieur Frédéric était allé offrir ses services à cette compagnie rivale, afin de toucher cette avance de dix mille francs, nécessaires pour sortir des griffes de Zimmermann et sauver Lambert.

LADORADE. Justement.

LA MÈRE REINETTE. Oui, son oncle n'a pas voulu lui donner un liard.

LADORADE. Poussé à bout, M. Frédéric a donc été obligé de garder cet argent, qui l'a lié d'une façon très-sérieuse à la compagnie, et c'est ainsi qu'il est devenu le grand amiral de la flottille en question.

LA MÈRE REINETTE. C'est tout simple.

LADORADE. Eh! bien, le reste est plus simple encore; monsieur Frédéric a profité de l'influence que lui donnait sa position de commandant des navires, pour faire accorder à monsieur Lambert la direction du comptoir central de l'entreprise, dont le siége était ici, à Marseille.

LA MÈRE REINETTE. Et cet emploi de directeur du comptoir?

LADORADE. Cet emploi vaut à monsieur Lambert, huit mille francs de traitement fixe, plus un intérêt dans les opérations à venir.

LA MÈRE REINETTE. Ha!

LADORADE. C'est une fonction très-honorable, très-douce, et qui assure la tranquillité de mon oncle.

LA MÈRE REINETTE. A merveille! à merveille!... Mais, votre compagnie à vous... celle de monsieur de Saint-Firmin et de Romainville?

LADORADE. La nôtre?

LA MÈRE REINETTE. Oui, qu'est-elle devenue?

LADORADE. La position prise par monsieur Frédéric a réussi à changer les idées de son oncle.

LA MÈRE REINETTE. Vous avez échoué?

LADORADE. Complétement, avant d'avoir mis à la voile, mère Reinette... Tout ce que j'ai pu faire pour mon compte, ç'a été d'utiliser deux de mes navires dans la compagnie de nos heureux rivaux. (Riant.) Deux de mes faux navires, comme vous disiez... et je suis venu à Marseille pour assister au chargement de la flottille.

LA MÈRE REINETTE. Qui partira?

LADORADE. Cette nuit... ou demain matin... selon le vent.

LA MÈRE REINETTE. Son commandant est ici, alors?

LADORADE. Non. Monsieur Frédéric est encore au Havre, où il fait armer deux navires... Du Havre, il les mènera à Gibraltar, où il a ordre d'attendre ceux qui vont partir d'ici.

LA MÈRE REINETTE. Fort bien!... Que de choses il se passe en si peu de temps!...

LADORADE, à part. Elle est bien curieuse!

LA MÈRE REINETTE. Monsieur Romainville doit être furieux de n'avoir pas réussi!

LADORADE, avec négligence. Je ne l'ai pas revu.

LA MÈRE REINETTE, finement. Est-ce que vous n'êtes plus aussi bien ensemble?

LADORADE. Je ne pense plus qu'à épouser ma cousine, mère Reinette.

LA MÈRE REINETTE. A l'occasion?...

LADORADE. Occasion que fera sans doute naître l'héritage d'une vieille tante, notre marraine à tous les deux.

LA MÈRE REINETTE, raillant. Votre tante d'Amérique.

LADORADE. Non... des Indes.

LA MÈRE RAINETTE. Continuez à attendre sous l'orme, mon bon.

ENSEMBLE.

AIR:

LADORADE.
La vieille veut ruser,
Mais il faut qu'on apprenne
Pour ne rien exposer,
Quel intérêt l'amène.

LA MÈRE REINETTE.
Le Gascon veut ruser,
Sa ruse sera vaine.
S'il compte m'abuser,
Il y perdra sa peine.

---

## SCÈNE II.

LA MÈRE REINETTE, puis LOUISE.

Mon imbécile ne veut rien dire sur Romainville, et il prétend n'avoir pas vu Zimmermann à Marseille... et les employés qui ont fait le chargement disent qu'il n'y a pas été parlé de dentelles en imitation et de bijoux faux... Me serais-je trompée?... Ce fripon de Zimmermann serait-il embarqué dans une autre affaire? Le départ cette nuit!... Je suis peut-être arrivée trop tard. (Elle voit Louise. Ah!... venez vite, mademoiselle...

LOUISE. Eh! quelle émotion!...

LA MÈRE REINETTE. Je suis bien pressée... laissez-moi tout de suite vous conter ce qui regarde mademoiselle Marguerite pendant que nous sommes seules... plus tard, je ne m'en souviendrais peut-être pas.

LOUISE. Chère Marguerite!

LA MÈRE REINETTE, avec une grande volubilité et avec beaucoup d'âme. D'abord, inutile de vous dire qu'elle aime de plus en plus son capitaine Dubois... mais ce pauvre amoureux est toujours retenu en Afrique. Il avait eu l'espoir d'obtenir un nouveau congé, cet espoir est perdu... il ne croit même plus pouvoir revenir de l'année, aussi a-t-il ordonné à son cavalier Pipette, qu'il avait laissé à Paris, d'aller le rejoindre à Alger... il vient s'embarquer ici, et vous devez, après avoir lu les lettres que voici, en écrire une au capitaine... le cavalier la lui portera. Mademoiselle Marguerite vous explique là, dedans, pourquoi il faut que ce soit vous qui écriviez au capitaine, elle n'ose pas écrire elle-même, elle a peur que son oncle ne surprenne cette correspondance...

LOUISE. Monsieur de Saint-Firmin ne consentira jamais à leur mariage...

LA MÈRE REINETTE. L'oncle! l'oncle!... il m'est revenu certains bruits!... enfin!... entrez bien dans les vues de cette charmante Marguerite... sa tristesse... l'avenir affreux qu'on lui réserve, m'arrachent le cœur, aussi bien que la tendre naïveté de son amour *pour l'unique ami de son frère*... dit-elle en versant une jolie petite larme.

LOUISE. Ah! vous êtes une bien brave femme, madame Reinette.

LA MÈRE REINETTE. J'oubliais une grosse chose!... La maison que vous habitez a été occupée il y a une dizaine d'années par le capitaine Dubois... et sa mère... jugez de l'événement! depuis qu'elle sait cela, mademoiselle Marguerite veut absolument connaître les plus petits détails de cette maisonnette où le bien-aimé a passé de longues heures à contempler la mer... le ciel... la lune... que sais-je, moi!... vous comprenez... il s'agit là de toutes ces petites balivernes que les amoureux de mon temps adoraient... fallait voir!... Dieu de Dieu! l'admirable chose que la jeunesse!... Quant à vous, ma pauvre demoiselle, je n'ai rien à vous dire *de lui*... je ne l'ai pas revu, depuis votre départ... mais je ne suis pas en peine... ces lettres-là vous diront tout ce qu'il faut... et je me sauve. (Elle regarde à sa montre.) C'est l'heure du chemin de fer; ainsi que je vous l'ai déjà annoncé, je vais au devant de monsieur Valentin qui arrive avec le cavalier du capitaine... attendez-nous ici... je vous annoncerai si je puis enfin punir Zimmermann du mal qu'il nous a fait à tous.

LOUISE. Pourquoi songer à la vengeance, vous qui êtes si bonne?

LA MÈRE REINETTE. Moi?

LOUISE. Si raisonnable!

LA MÈRE REINETTE. Moi?

LOUISE. Si prudente!

LA MÈRE REINETTE. Moi?... mais c'est-à-dire, ma chère demoiselle, que si je pouvais faire pendre ce gueux-là, j'éprouverais une volupté immense à attacher moi-même la corde. Ah! bien oui! bonne! moi bonne!... (Elle sort.) Attendez-moi seulement une petite demi-heure... et vous verrez comme je suis bonne... (Au loin.) Ah! ah! merci pour la bonté.

LOUISE, appelant. Rose!... Rose, apportez une lampe ici.



## SCÈNE III.

LOUISE, puis ROSE, clair de lune.

LOUISE, seule. Des lettres de Marguerite!... quelques lignes de lui peut-être... rien dans celle-là... mais son nom! son nom!... c'est le premier mot... « Frédéric » encore là... « Frédéric » toujours... Ah! Marguerite comme tu es intelligente!

ROSE, apportant la lampe. Voilà, mademoiselle!

LOUISE. Merci.

## SCÈNE IV.

LOUISE, seule, assise près de la lampe. (Elle lit.)

« Frédéric était venu du Havre, pour faire une nouvelle tentative en votre faveur auprès de mon oncle, elle n'a pas eu plus de succès que les autres... Pauvre Frédéric!... pauvre Louise!... » (Parlé.) Pauvre Marguerite!... elle comprendra bientôt elle aussi tout ce que l'on souffre lorsqu'on n'espère plus... (Lisant.) « Dans les premiers jours de votre séparation, Frédéric tenait encore à paraître fort et énergique... lorsqu'on lui parlait de toi, mais cette dernière fois à ta seule pensée son visage devenait soudainement d'une pâleur mortelle, un frisson convulsif s'emparait de lui; on eût dit qu'une tentation coupable dominait de son âme. S'il y avait du monde avec nous, je redoutais toujours quelque explosion effroyable. (Parlé.) Hélas! (Lisant.) Mais si nous n'étions que lui et moi, et c'était le plus souvent, car je le gardais presque caché dans ma chambre... j'avais un remède infaillible contre ses paroxismes de fureur : je lui disais combien tu es plus à plaindre que lui... combien tu l'aimes toujours, combien tu as été grande en refusant tout ce bonheur que ne voulait pas permettre notre oncle... Je le consolais un peu en exaltant ainsi la vertu... mon pauvre frère serrait alors sa tête brûlante dans ses deux mains... (Frédéric arrive mystérieusement par le fond et vient écouter Louise.) Je l'attirais près de moi... et là, je le laissais pleurer en cachette! je sentais couler ses larmes... je ne les voyais pas, car je comprenais qu'il cherchait à ne pas me les laisser voir... Ah! qu'il est douloureux d'entendre des sanglots gronder ainsi dans la poitrine d'un homme vaillant et audacieux!.... Cher frère.... oh! oui, crois-le bien, Louise, dans tes plus horribles épreuves, tu n'as jamais ressenti de déchirement de cœur comme... » (Elle s'arrête à la vue de Frédéric.)

## SCÈNE V.

LOUISE, FRÉDÉRIC.

FRÉDÉRIC, à genoux. Comme ceux que j'éprouve, Louise.

LOUISE. Frédéric!

FRÉDÉRIC. Marguerite vous a dit vrai!

LOUISE. Frédéric!

FRÉDÉRIC. Louise!

LOUISE, se jetant dans les bras de Frédéric. Je t'aime! je t'aime, infortuné!

FRÉDÉRIC. Oui bien infortuné l'homme qui n'a pas su te défendre...

LOUISE. Tais toi!

FRÉDÉRIC. Douce et radieuse émanation de la grandeur, de l'amour infini.

LOUISE. Inclinons-nous, mon ami, devant cette puissance sacrée que Dieu a déléguée sur la terre au chef de nos familles.

FRÉDÉRIC. Louise! Louise! je devais attendre cette flottille à Gibraltar; je n'ai pas écouté les instructions de ces messieurs, je suis venu ici tout droit, je suis venu à toi, à toi, Louise...

LOUISE. Un pressentiment me le disait; la fatalité de notre position me défendait de l'espérer.

FRÉDÉRIC. Ce voyage si long... ce voyage... ah! ne détourne pas les yeux, ne pleure plus, ma Louise, elles ont déjà coulé trop longtemps ces belles larmes... à nous aujourd'hui le droit de disposer de notre avenir... ce voyage, je ne le ferai pas seul.

LOUISE. Quoi!

FRÉDÉRIC. Tu viens avec moi aux Indes.

LOUISE. Tu voudrais?

FRÉDÉRIC. Là, nous trouverons le refuge charmant où la Providence a caché notre couronne d'amour.

LOUISE, fascinée. Quel doux éblouissement!

FRÉDÉRIC. Là, toujours à tes côtés, ô ma belle compagne!

LOUISE. Ah! oui.

FRÉDÉRIC. Là... toujours loin de la perfidie et de la haine, nos jours s'écouleront dans les joies d'un bonheur céleste.

LOUISE. Oui!

FRÉDÉRIC. Viens! viens!

LOUISE, à demi vaincue. Le vertige me gagne...

FRÉDÉRIC, triomphant. Viens, épouse adorée! ta place est prête sur mon navire... ton père accompagne la flottille jusqu'à Gibraltar; là seulement je lui avoue la vérité, et nous l'emmenons avec nous auprès de la sœur qu'il a dans les possessions anglaises. (On entend un coup de canon dans le port.)

LOUISE, se ranimant. Ah!

FRÉDÉRIC. Viens, viens, voilà le premier signal du départ... mon devoir m'appelle à bord.

LOUISE. Hélas!

FRÉDÉRIC. Partons!

LOUISE, solennellement. Mon devoir me retient ici, moi!

FRÉDÉRIC. Non! non! ton devoir est accompli... l'heure de ton affranchissement a sonné... (Il appelle au fond.) A moi, matelots! (Les matelots arrivent par la balustrade.)

LOUISE, effrayée. Frédéric!

FRÉDÉRIC. Je n'écoute plus rien... la raison et ton cœur sont pour moi...

LOUISE. Ah!

FRÉDÉRIC. T'abandonner à ce sort pitoyable, serait une faiblesse dont je ne me rendrai pas deux fois coupable. (Aux matelots.) Emportez-la! (Il regarde derrière la balustrade.)

LOUISE, aux matelots. Osez toucher à cette croix, vous! (elle a détaché sa croix de diamants, elle la tient élevée devant elle. Les matelots qui voulaient la saisir s'arrêtent subitement.)

FRÉDÉRIC, aux matelots. Eh bien!

LOUISE, à Frédéric. C'est Marguerite... et c'est vous qui m'avez rendu cette croix de ma mère... au nom de ma mère, au nom de Marguerite, au nom de votre honneur, partez! (Les matelots se retirent sur un signe de Frédéric.)

FRÉDÉRIC, désespéré. Ah! l'honneur est là aussi!

LOUISE. Je ne serai votre femme devant Dieu et devant les hommes que le jour où monsieur de Saint-Firmin, votre oncle, viendra me prier lui-même d'entrer dans sa maison... partez! partez!

FRÉDÉRIC, fléchissant un genou. Oh, pardonne-moi... et adieu, adieu donc jusqu'au retour, ma noble fiancée.

LOUISE. Ami!... chaque jour, à cette heure où nous sommes... pense à cette croix qui m'a gardée digne de ton cœur... penses-y, cela nous portera bonheur, à Marguerite et à moi...

FRÉDÉRIC, au fond. Adieu!... adieu!

LOUISE. Adieu!... jusqu'au retour. (Frédéric disparaît.)

<hr>

## SCÈNE VI.

LOUISE, puis VALENTIN, LA MÈRE REINETTE.

LOUISE, seule. Oui, périsse toute joie! périssent tous mes rêves si doux, mais que je reste fière dans ma conscience, fière et forte dans l'humble pauvreté que l'on a faite à la vieillesse de mon père!

VALENTIN, en dehors à gauche. Mademoiselle Louise!

LOUISE, seule. La voix de monsieur Valentin!

VALENTIN, arrivant. Ah! vite!... vite, mademoiselle, le nom du navire sur lequel se trouve votre père?

LOUISE. Mais...

VALENTIN. Vous le savez?

LA MÈRE REINETTE. Oui... vite ce nom!... ce nom!...

LOUISE. Mon père a dû se tenir un peu sur tous les navires de la flottille, puisqu'il surveille le chargement.

VALENTIN. Mais vous connaissez le nom du navire sur lequel se trouvent les bijoux et les dentelles?

LOUISE. Oui... c'est le Saint-Firmin.

LA MÈRE REINETTE. Ah!...

VALENTIN, allant vivement crier à la balustrade à droite. Pipette!... Pipette!...

PIPETTE, en dehors. Voilà!... voilà!...

VALENTIN. C'est le Saint-Firmin.

PIPETTE, en dehors. Bon!

LA MÈRE REINETTE, à Louise. Et les magasins de cette compagnie sont ici, n'est-ce pas?

LOUISE. Oui... là-dessous.

VALENTIN. Sous cette terrasse?... une espèce de vieux souterrain?

LOUISE. Justement... cela dépendait autrefois d'un couvent... Mais qu'avez vous donc?

VALENTIN. Ah! nous sommes bien effrayés pour monsieur Lambert et monsieur Frédéric.

LA MÈRE REINETTE. Un piège atroce!

LOUISE. Comment?

VALENTIN. Oui, mademoiselle!... Fanny... pardonnez-moi de prononcer le nom de cette malheureuse devant vous, Fanny, qui depuis quelques années était secrètement devenu la maîtresse de Romainville. (Mouvement de Louise.) C'est ignoble, n'est-ce pas?... Fanny, poussée par le remords et par le souvenir de tout ce que vous aviez fait pour elle, Fanny ayant surpris quelque chose des projets de Romainville, est revenue du Havre, où elle était avec lui, pour me charger de vous prévenir, vous et monsieur Lambert.

LOUISE. Que nous veut-il encore ce homme?

VALENTIN. Ce qu'il vous veut? sachez que c'est lui qui s'est efforcé de détruire par la calomnie la haute réputation et le crédit de votre père... sachez que c'est lui qui est la cause unique de votre ruine et de la conduite de monsieur de Saint-Firmin à votre égard... sachez, mademoiselle, que c'est lui qui est le chef de cette compagnie d'exportation qui s'est emparée de monsieur Frédéric et de votre père.

LOUISE. Lui, le chef!

VALENTIN. Cette prétendue compagnie rivale dont on parlait lui appartenait... il a dissimulé jusqu'à ce jour, parce que s'il avait laissé connaître qu'il y était pour quelque chose, monsieur Frédéric et monsieur Lambert auraient refusé d'y prendre de l'emploi.

LOUISE. Oh!

VALENTIN. Et maintenant...

LA MÈRE REINETTE. Maintenant, il veut vous mettre dans la nécessité d'épouser votre cousin Ladorade, et il veut lui-même épouser mademoiselle Marguerite... rien que cela!

VALENTIN. Et pour arriver à son but, il a manœuvré de manière à mettre monsieur Lambert et monsieur Frédéric dans une position telle qu'il puisse les perdre tous les deux, les déshonorer, les faire périr peut-être, si vous refusez, vous, mademoiselle, de consentir à tout ce que Ladorade et Romainville vous demanderont.

LA MÈRE REINETTE. Ne vous inquiétez pas... nous, arrivons à temps.

VALENTIN. Fanny n'a pu surprendre que quelques mots confus sur le plan de ce misérable... tous les détails restent donc encore obscurs pour nous... mais il est positif que c'est à Gibraltar même que le piège doit réussir.

LA MÈRE REINETTE. Et c'est à Gibraltar aussi que monsieur Frédéric doit les attendre.

VALENTIN. Et Romainville, qui a fait savoir partout qu'il allait à Londres, s'est dirigé en toute hâte et en se cachant vers Gibraltar, afin d'avoir toujours les yeux sur monsieur Frédéric.

LOUISE. Il ne l'y trouvera pas... Frédéric est ici.

VALENTIN et LA MÈRE REINETTE. Ici!...

LOUISE. Il est à bord en ce moment, et comme vous, il dit que mon père ira jusqu'à Gibraltar... mais... (On entend un deuxième coup de canon.)

VALENTIN. Le deuxième signal!... on quitte le port au troisième coup de canon... venez, la mère... comptez sur nous, mademoiselle... tout danger sera passé lorsque j'aurai pu dire un seul mot à monsieur Frédéric ou à monsieur Lambert, et dussé-je les rejoindre à la nage, j'arriverai à eux avant qu'ils soient en mer.

LA MÈRE REINETTE. Attendez ici... je vous ferai passer des nouvelles.

VALENTIN. Et ne tremblez pas... c'est nous qui allons réussir!... venez, venez, mère Reinette...

---

## SCÈNE VII.

### LOUISE, puis ROSE et UN MATELOT.

LOUISE, seule. C'est incroyable!... comment mon père peut-il partir pour Gibraltar sans m'en avoir prévenue?... ne lui aurait-on donné cet ordre qu'au dernier moment? cependant rien n'est impossible si l'on veut le tromper... oh! ce Romainville est le génie du mal... il a perdu, il a dénaturé monsieur de Saint-Firmin... il veut Marguerite pour achever de mettre la main sur toute leur fortune... il sait bien que Marguerite ne lui appartiendra pas tant qu'elle aura l'appui de son frère... ah! j'ai peur de comprendre!... si Frédéric ne revenait pas de ce voyage... si... mais c'est cela... Frédéric absent... Frédéric mort, cet homme triompherait... oh!

ROSE. Mademoiselle, un matelot est là qui demande à vous parler... il vient de la part de monsieur votre père... le voilà...

LE MATELOT, provençal. Mademoiselle... monsieur Lambert il vous demande tout de suite au magasin, et...

LOUISE. Ah! je savais bien qu'il ne partirait pas ainsi.

LE MATELOT. Et il m'a chargé de bien vous dire moi-même à vous-même, qu'il faut aller le trouver sans perdre une minute.

LOUISE. Je vous remercie... je descends avec vous... (A part.) Maintenant, monsieur Romainville peut les attendre à Gibraltar!

FIN DU QUATRIÈME ACTE.

# ACTE V

## PREMIER TABLEAU

Le théâtre représente d'antiques cavaux souterrains appropriés pour un magasin de dépôt. — Un pilier, placé au milieu et au 2ᵉ plan, soutient deux arceaux appuyés l'un à droite, l'autre à gauche de la scène, ce pilier est très-apparent, un des côtés est parfaitement en face du public. — Les caveaux contournent vers le fond. — L'aspect général de ce décor est lugubre et sinistre, il est éclairé faiblement par un vieux quinquet.

### SCÈNE PREMIÈRE.

PASSE-PARTOUT, ZIMMERMANN. (Passe-partout est caché derrière le pilier et regarde avec malice les excentricités de Zimmermann.)

ZIMMERMANN, *se croyant seul, calculant sur un calepin, et dansant avec une joie enthousiaste.*

Cinq et cinq font dix..,
Trois fois dix font trente...
Et dix là... quarante...
C'est autant de pris,
C'est autant de rente!
L'affaire est charmante.
Bien mieux que Paris,
Marseille m'enchante.
C'est autant de rente...
Sur nos ennemis
C'est autant de pris.

Ah! monsieur Romainville a eu une grande idée.. avec ces bijoux... mais il serait également scandaleux d'envoyer dans les îles lointaines des dentelles aussi riches... aussi véritables... en voici en imitation qui feront bien plus d'effet... (Il regarde s'il est bien seul.) Il ne faudrait pourtant pas se compromettre pour une aussi petite bagatelle... personne ne peut me voir. (Il remplace une pièce de dentelle dans un ballot par une des pièces en imitation qu'il a tirées des poches de son énorme paletot.) Une!... c'est mille francs de gagnés. (Au moment où il s'est relevé avec la dentelle volée, Zimmermann a reçu en pleine figure un pois que Passe-partout lui envoie avec un tube en verre, il a porté la main à l'endroit où il a été touché, il croit avoir été piqué par une mouche. Ce jeu de scène continue, pendant que dure le vol accompli par Zimmermann. — Continuant son opération et se frottant le visage.) Une bien grosse mouche... J'ai tout juste à Marseille, le placement de ces pièces-là. (Deuxième substitution, deuxième pois en pleine figure. Passe-partout trempe dans un baquet de goudron, chacun des pois qu'il envoie.) Deux!... une autre bien grosse mouche!... monsieur Romainville me permettra bien d'avoir, une fois par hasard, autant d'esprit que lui. (Troisième substitution.) Trois. (Troisième pois.) Encore une bien plus grosse mouche, et qui pue!... (Quatrième substitution.) Quatre! (Quatrième pois.) Toujours des mouches bien plus grosses et bien plus puantes!... des monstres qui paraissent se nourrir de goudron!... (Cinquième substitution.) Cinq! (Cinquième pois.) Cinq mille, tarteifle, je l'ai écrasée... celle-là... elle pue encore davantage. (Sixième substitution.) Et six... (Sixième pois.) Ah! que Satan et toutes les... après cela, ce sont peut-être des chauves-souris.... il y a longtemps que ces caveaux n'avaient été occupés... quel malheur que je n'aie pas quelques imitations de plus!... cela allait tout seul. (Il va mettre les pièces de dentelles volées dans sa poche.)

PASSE-PARTOUT, arrachant la première pièce des mains de Zimmermann et lui appliquant un vigoureux coup de bâton sur le dos. Une!

ZIMMERMANN. Ah!

PASSE-PARTOUT, frappant. Deux! trois!

ZIMMERMANN, criant. Ah! ah!

PASSE-PARTOUT, frappant. Quatre! cinq!

ZIMMERMANN. Passe-partout!

PASSE-PARTOUT, frappant. Et six!

ZIMMERMANN. Je suis mort!

PASSE-PARTOUT. Ah! vieux filou!...

ZIMMERMANN. Tais-toi! ne fais pas de bruit!...

PASSE-PARTOUT. Que je me taise!

ZIMMERMANN. Tu m'as assassiné... ne dis rien... je te pardonne.

PASSE-PARTOUT, tendant la main. Alors, aboule.

ZIMMERMANN, serrant la main de Passe-partout. Je te pardonne.

PASSE-PARTOUT. Aboule! aboule!

ZIMMERMANN. Je te pardonne de tout mon cœur.

PASSE-PARTOUT. Ah! ce sont des poignées de main que tu comptes me donner... tu as remplacé de véritables dentelles par des dentelles fausses... autant de pièces, autant de fois mille francs que tu as volés.

ZIMMERMANN. Je n'ai remplacé qu'une seule pièce.

PASSE-PARTOUT. Compte les morsures que les grosses mouches ont faites à ta figure... (Il lui montre un petit miroir.) Autant de mouches, autant de pièces volées...

ZIMMERMANN. Les voilà... Passe-partout, prends pitié du vieux père Zimmermann... ne dis rien...

PASSE-PARTOUT. A une condition... tu vois cet animal!

ZIMMERMANN. C'est un petit écureuil.

PASSE-PARTOUT, imitant l'accentuation alsacienne de Zimmermann, en rappelant ses paroles du premier acte.) « Mais » quel écureuil!... un miracle présida à sa nais- » sance. Il vit le jour avec une queue moitié » blanche, moitié chocolat, et avec des yeux » bleus... ne touchez pas!...» Lorsque tu nous le vendis à Paris, mon opinion fut qu'il avait blanchi de vieillesse... tu me traitas d'ignorant... je te laissai dire, à cause du patron qui était présent et de deux sergents de ville qui étaient sur ton trottoir... mais ici, il n'y a que mon bâton, ô Zimmermann, et je t'affirme que mon opinion était la bonne... la preuve, c'est que depuis, l'âge a continué à faire blanchir l'animal... au lieu d'une moitié de queue blanche, il a la queue entière... et, miracle plus grand encore! au lieu d'avoir les deux yeux bleus, il en a aujourd'hui un bleu et un rouge... Pourquoi?... à force de vieillir, il finira par devenir un lapin blanc; tu n'ignores pas que les lapins blancs ont les yeux rouges... Ne touchez pas!... comme il n'est encore qu'un demi-lapin blanc... il n'a encore qu'un œil rouge... comprends-tu? (Il lève son bâton.)

ZIMMERMANN. Eh bien!

PASSE-PARTOUT. Tu nous l'as vendu deux cents francs avec une moitié de queue blanche… Avec une queue toute blanche, il vaut bien quatre cents francs… n'est-ce pas?… (Il lève son bâton.)

ZIMMERMANN. Après?

PASSE-PARTOUT. Le phénomène de l'œil rouge vaut bien quatre cents francs aussi (il lève le bâton), n'est-ce pas?… Cela fait huit cents francs. En y comprenant les grandes espérances que donne pour l'avenir un écureuil capable de ces changements extraordinaires, je ne crois pas te surfaire en te le revendant pour la bagatelle de mille francs… à moins que tu ne préfères que j'aille raconter l'affaire des dentelles à qui de droit… Hein!… non… aboule mille francs… (Il lève son bâton.)

ZIMMERMANN. Les voici…

PASSE-PARTOUT. Et voilà ton lapin… Tu es rempli d'intelligence…

ZIMMERMANN, jetant l'écureuil à la tête de Passe-partout. Canaille!

PASSE-PARTOUT, fredonnant l'air que chantait Zimmermann, et dansant grotesquement devant lui en tenant l'écureuil par la queue :

Tra la la la la !
Tire rire rire la.

ZIMMERMANN, à part. Heureusement j'y gagne encore beaucoup.

PASSE-PARTOUT, faisant sonner ses pièces d'or. J'ai là de quoi m'établir dans des parages un peu reculés.

## SCÈNE II.

LES MÊMES, UN MATELOT en provençal.

LE MATELOT. Filez! filez! vous autres, voilà mademoiselle Louise qui arrive…

(Ils se sauvent par la gauche.)

## SCÈNE III.

LE MATELOT, LOUISE.

LE MATELOT, introduisant Louise. Par ici, mademoiselle…

LOUISE. Et mon père?

LE MATELOT. Il est par là-bas, dans le fond… Je vais lui dire que vous l'attendez, mademoiselle. (Le Matelot s'éloigne par la droite.)

## SCÈNE IV.

LOUISE seule.

Je n'étais jamais entrée dans ces magasins le soir… ils ont un aspect… il n'y a donc pas de lumière de ce côté. (Elle appelle.) Mon père… Quel silence!… (Elle appelle.) Mon père!… (Elle a peur.) Personne!… (Elle appelle.) Mon père!…

## SCÈNE V.

ROMAINVILLE, LOUISE.

ROMAINVILLE. Votre père ne viendra pas, made-

moiselle… il est à bord du Saint-Firmin… (on entend un troisième coup de canon) et le Saint-Firmin quitte en ce moment le port de Marseille.

LOUISE. Peut-être?… Mon père ne s'éloignerait pas ainsi sans m'en avoir au moins donné avis.

ROMAINVILLE. Il vous a envoyé dans la journée deux messagers pour vous dire d'aller le voir à bord, d'où il ne pouvait s'absenter.

LOUISE. Personne n'est venu.

ROMAINVILLE. Je le sais, mademoiselle. On a reçu les deux messagers… on a ouvert les lettres qu'ils vous portaient… et on a répondu à M. Lambert qu'on ne vous avait pas trouvée chez vous.

LOUISE. Ce mensonge… cette audace… et votre présence ici… dans des magasins confiés à la garde de mon père.

ROMAINVILLE. Tout cela vous étonne, je le crois… et tout cela doit vous annoncer déjà, mademoiselle, que vous êtes l'objet d'un complot préparé de longue main.

LOUISE. Je puis vous dire, moi aussi, que je le sais, monsieur…

ROMAINVILLE. Valentin et la mère Reinette n'ont pu vous donner que des renseignements incomplets… je vais préciser mieux pendant qu'ils s'efforcent inutilement d'arriver jusqu'aux navires… Les bateliers qui les conduisent promèneront vos amis sur la rade pendant tout le temps qu'il nous faudra pour nous entendre paisiblement, ici, nous deux, mademoiselle. (Mouvement vers le fond.) Mon Dieu!… ne vous donnez pas la peine d'aller du côté de la porte… elle est fermée… en voici les clefs… elles n'ouvriront que lorsque nous serons parfaitement d'accord.

LOUISE. Et si je refuse d'épouser votre protégé Ladorade, votre intention, alors, serait de me tuer ici, ou de m'y retenir prisonnière?… J'avoue que l'endroit n'est pas mal choisi.

ROMAINVILLE. Mes intentions ne sont pas aussi tragiques…

LOUISE. Ha!

ROMAINVILLE. Du reste, je ne suis pour rien dans ce complot… je suis seulement négociateur entre les auteurs du complot et vous.

LOUISE. Vous vous êtes réservé un rôle qui vous honore… je vous écoute donc.

ROMAINVILLE. Vous êtes bien bonne, mademoiselle… Votre cousin Ladorade veut absolument vous épouser, d'abord parce qu'il vous adore depuis très-longtemps.

LOUISE. Évidemment.

ROMAINVILLE. Ensuite, parce que votre tante, qui est morte dans l'Inde anglaise… Vous ne saviez pas encore cette triste nouvelle… je vous l'apprends à regret, mademoiselle… Cette tante, en mourant, a légué à son filleul et à sa filleule, à Ladorade et à vous, une fortune considérable… mais à la condition expresse que la chère filleule et le cher filleul se marieraient ensemble… Vous m'écoutez toujours, mademoiselle?… Une grande fortune pour vous deux, si vous vous mariez ensemble… rien, si vous ne vous mariez pas.

LOUISE. Continuez.

ROMAINVILLE. Si Ladorade était allé franchement vous proposer de réaliser le vœu de votre tante et de vous marier, pour ne pas laisser échapper cette richesse splendide, vous auriez été capable, à cause de votre amour pour Frédéric, de montrer une fois de plus toute la beauté de votre caractère, tout le mépris que vous faites des richesses, et vous auriez refusé net ce malheureux cousin.

LOUISE. C'est dans cette prévision qu'il est allé vous consulter?

ROMAINVILLE. Ce n'est pas moi qu'il a consulté... il s'est adressé aux auteurs du complot, car, je vous le répète... je ne suis que négociateur...

LOUISE. Je l'oubliais.

ROMAINVILLE. Les auteurs du complot ont demandé à Ladorade une part de l'héritage, s'ils parvenaient à vaincre les scrupules que vous aviez pour ce mariage...

LOUISE, *raillant.* Une grosse part?...

ROMAINVILLE. Je l'ignore.

LOUISE. Ha!

ROMAINVILLE. Ce qu'ils ont demandé, ils tiennent essentiellement à l'avoir... aussi ne pouvant vous gagner par la raison, par la douceur, ont-ils eu recours aux moyens violents... et voilà pourquoi ils me chargent de vous dire que si vous refusez de vous enrichir, et de les enrichir eux-mêmes, en refusant toujours d'épouser ce malheureux Ladorade, ils s'en prendront à M. Lambert et à M. Frédéric, et ils les perdront tous les deux... M. Lambert par un déshonneur inévitable... M. Frédéric par un moyen qu'ils ne m'ont pas communiqué... mais qu'ils considèrent comme infaillible...

LOUISE, *à part, avec terreur.* Le lâche!... le lâche!...

ROMAINVILLE. Quelle est la réponse que vous désirez faire parvenir à ces messieurs, mademoiselle?

LOUISE. Ma réponse est que Frédéric ne craint pas les assassins, que la probité de mon père ne craint pas la calomnie, et que moi, je ne craindrai jamais les menaces d'un... négociateur tel que vous.

ROMAINVILLE. Je sais que je n'ai jamais eu le talent de vous convaincre... aussi me suis-je entouré de preuves irrécusables... laissons donc de côté ce qui pourrait être relatif à M. Frédéric... puisqu'on ne m'a rien communiqué à son sujet... parlons de M. Lambert... il est le chef... le comptable... le caissier du comptoir...

LOUISE. Eh! bien?

ROMAINVILLE. C'est sur lui que pèse toute la responsabilité du chargement que l'on vient de faire?

ROMAINVILLE. Si quelque chose avait été détourné, c'est à lui qu'on en demanderait compte?

LOUISE. Eh bien?

ROMAINVILLE. Eh! bien, mademoiselle, les auteurs du complot ont tous naïvement abusé de la bonne foi, de la confiance de M. Lambert, pour soustraire les bijoux embarqués, et les remplacer par des bijoux faux.

LOUISE. Et vous croyez qu'il se trouvera un juge en France, prêt à accuser mon père de ce vol... vous êtes fou...

ROMAINVILLE. Si on ne l'accusait pas comme un voleur, on serait obligé de l'accuser comme complice, comme receleur du vol...

LOUISE. Vous êtes fou, vous dis-je.

ROMAINVILLE. Et je vous dis, moi, que les bijoux vrais, les bijoux volés sont entre les mains de votre père... tout est prévu, tout est combiné,

pour que, à la première plainte portée contre lui, on vienne fouiller votre maison, dans laquelle en trouvera toutes les preuves nécessaires... est-ce que vos domestiques n'ont pas été gagnés?... est-ce que l'escalier secret qui conduit de ce pilier dans les caves de votre maison ne contient pas des caisses de ces bijoux? Est-ce qu'un baril de votre cave n'en est pas rempli également? Est-ce que vous n'en avez pas dans des armoires que n'ouvrez jamais?...

LOUISE. C'est infernal cela... nous ne connaissons pas d'escalier qui aille d'ici dans notre demeure.

ROMAINVILLE. La clef de cet escalier, qui n'est connu d'aucun de nos employés, la clef de ce petit escalier est dans les poches de votre père... au signal qui peut être donné d'une minute à l'autre, votre père sera entraîné, conduit ignominieusement dans les prisons de la ville. (*Exclamation de la part de Louise.*) De la prison, on l'amènera ici... et ici, à la face de la justice, on ouvrira la porte qui est dans ce pilier... et cette porte ouverte laissera voir rangées avec soin les caisses des bijoux les plus précieux.

LOUISE. Vous mentez encore, vous mentez toujours, infâme!!

ROMAINVILLE. Ah! c'en est trop à la fin... regardez, regardez donc vous même! (*Romainville a ouvert la porte secrète qui est dans le pilier... le capitaine Dubois, en tenue d'Afrique, a paru sur la première marche de l'escalier. Pipette est derrière lui.*)

---

## SCÈNE VI.

### LE CAPITAINE, LOUISE, ROMAINVILLE, PIPETTE.

LE CAPITAINE, *au moment où Romainville ouvre.* Bien obligé, M. Romainville.

LOUISE. Ah!!!...

LE CAPITAINE. Je ne savais plus ouvrir cette diablesse de porte.

LOUISE. Sauvez-nous, capitaine.

LE CAPITAINE. C'est déjà fait, mademoiselle...

ROMAINVILLE. Pas encore!... (*il a dirigé un pistolet sur le capitaine... mais celui-ci a vivement saisi le bras de Romainville qu'il courbe à ses genoux, et auquel il arrache le pistolet...*)

LE CAPITAINE. Oh! vous avez de ces idées-là, M. Romainville... heureusement vous n'êtes pas fort... (*Il le relève et le jette à droite.*)

LOUISE. Capitaine...

LE CAPITAINE. Rassurez-vous, mademoiselle... Le départ de la flottille est arrêté... On connaît le vol des bijoux... venez, je vais vous conduire auprès de M. votre père... montrez-nous le chemin, M. Romainville...

ROMAINVILLE. Souvenez-vous que tout ce que vous pourrez faire contre moi retombera sur M. de Saint-Firmin... sur l'oncle de Marguerite, monsieur... sur l'oncle de Frédéric, mademoiselle...

LE CAPITAINE, *tenant le pistolet de Romainville.* Marchez devant!... (*Il lui montre impérieusement la porte du pilier...*) Et n'oubliez pas que je suis passablement fort au pistolet, moi.

## DEUXIÈME TABLEAU

Un petit salon chez M. de Saint-Firmin. — Autre salon au fond, masqué par des boiseries

### SCÈNE PREMIÈRE.

FRÉDÉRIC, VALENTIN. — (Frédéric est en officier de marine, comme au deuxième acte. Il est assis, et écrit plusieurs lettres. Son émotion est très-apparente.)

FRÉDÉRIC, un instant seul. Mon oncle était compromis par ces misérables !... Il aurait été arrêté... condamné avec eux, si nous les avions dénoncés. Oh ! c'est horrible !... c'est horrible !... (Il écrit.)

VALENTIN, à part, sur la porte d'entrée. Quel trouble !... quelle émotion !... Quelles sont donc les lettres qu'il écrit là? (A Frédéric.) Monsieur Frédéric, vous n'avez pas besoin de vous presser autant... j'ai toute ma journée... Les affaires sont supérieurement organisées... maintenant à l'atelier, et avant peu, vous allez avoir fait de moi un des plus gros mécaniciens de France.

FRÉDÉRIC. Tu es donc content, mon brave Valentin !

VALENTIN. On le serait à moins... pour ce qui est de la mécanique... mais pour ce qui vous concerne, monsieur Frédéric, voyez-vous !... cela me désespère... l'état de plus en plus chagrin où je vous vois !...

FRÉDÉRIC. Cela va finir, Valentin...

VALENTIN. On ne le dirait guère, monsieur; vous ne pouvez pourtant plus vous inquiéter de cette affaire montée par le Romainville et Zimmermann... Nous avons déjoué leur ignoble projet... Vous avez arrêté le départ de la flottille... Pour ne pas faire jaser, à propos de la surveillance que monsieur Lambert, ce pauvre homme si confiant, aurait dû exercer avec un peu plus de soin, on a tranquillement remis les vrais bijoux à leur première place... On a laissé les bijoux faux sur le navire... Ce Saint-Firmin avait les flancs très-larges... Zimmermann et Romainville, qui étaient les seuls coupables, et que nous aurions voulu faire pendre une bonne fois, la mère Reinette et moi... Zimmermann et Romainville, ont compris qu'ils étaient de trop en France; ils se sont vivement embarqués sur la flottille avec monsieur Ladorade, disant qu'ils se déterminaient à suivre cet énorme tas de marchandises, représentant tout ce qu'ils possédaient... Personne à Marseille et dans la flottille n'a conçu de soupçons sur le véritable motif qui les faisait partir... Le monsieur Ladorade est devenu commandant en chef à votre place... Je sais bien qu'il a les qualités nécessaires pour les mener au nord quand ils veulent aller au sud, et leur faire faire un plongeon quand ils veulent tous faire fortune... Mais cela les regarde, et voilà tout. Pourquoi alors êtes-vous si tourmenté, monsieur Frédéric?... Votre position aujourd'hui est bien meilleure qu'avant cette histoire-là... votre grade... vous a été rendu.

FRÉDÉRIC. Oui, oui...

VALENTIN. Moi, que monsieur votre oncle et vous avez voulu laisser seul maître de l'atelier, j'ai la chance de réussir au delà de tout ce qu'on aurait pu croire. Ce que vous pouvez désirer encore se réalisera aussi, monsieur Frédéric, peu à peu... encore un peu de patience... Il y a tant de gens qui vous aiment !... et si bien !...

FRÉDÉRIC, se levant. Merci, Valentin... Voilà la lettre que tu remettras au capitaine Dubois... Tu sais le couvent où l'on a enfermé ma sœur?

VALENTIN, Oui, monsieur... Je suis allé la voir...

FRÉDÉRIC. Elle pleurait en te quittant... n'est-ce pas?...

VALENTIN, hésitant, Oui, un peu...

FRÉDÉRIC. Voici une autre lettre pour elle... Tu la lui remettras avec cette boîte... (Il arrache sa croix d'honneur.) Et cette croix... (Il lui donne sa croix d'honneur.) J'en ai une autre... et puis encore cette bague... Elle me l'a demandée...

VALENTIN. Faut-il y aller tout de suite?...

FRÉDÉRIC. Non, demain... après demain, si tu veux... Tu sais que je rejoins la flotte française...

VALENTIN. Ah !...

FRÉDÉRIC. Je pars dans une heure...

VALENTIN. Je ne le savais pas...

FRÉDÉRIC. Continue à travailler avec ardeur, avec ta fière loyauté, avec ton fier courage... et embrasse-moi, mon pauvre Valentin !... Mon voyage sera long... Si ma sœur avait besoin de toi...

VALENTIN. De tout mon sang, monsieur...

FRÉCÉRIC. Merci, merci, mon brave... Sois toujours pour elle comme tu serais pour moi...

VALENTIN, avec explosion. Vous me cachez quelque chose !...

FRÉDÉRIC, souriant. Allons donc !...

VALENTIN. Monsieur?

FRÉDÉRIC, le reconduisant. Adieu ! adieu !

---

### SCÈNE II.

#### FRÉDÉRIC, M. DE SAINT-FIRMIN.

FRÉDÉRIC, voyant son oncle. Lui !

M. DE SAINT-FIRMIN. Pourquoi refuses-tu de voir ton oncle ?... réponds !... réponds !...

FRÉDÉRIC. Je refuse de le voir pour ne pas le mettre dans l'alternative ou de se montrer faible devant moi, ou de me répéter des ordres qu'il m'est impossible d'exécuter.

M. DE SAINT-FIRMIN, très-ému. As-tu réfléchi que si tu étais chef de famille à ma place, et que si tu avais les principes que j'ai, tu éprouverais de bien vives douleurs en voyant ceux que tu aimes méconnaître tous tes vœux, tout le dévouement que tu aurais mis à assurer leur bonheur.

FRÉDÉRIC, s'éloignant tristement. Mon oncle...

M. DE SAINT-FIRMIN. Ah, ne t'éloignes plus ainsi... Plains-moi, plains-moi, mon enfant : j'ai été trompé par des hommes indignes.

FRÉDÉRIC. Eh quoi?

M. DE SAINT-FIRMIN. Ils ont voulu se servir de

moi, de mon nom respecté, pour cacher de honteuses manœuvres...

FRÉDÉRIC. Mon oncle!...

M. DE SAINT-FIRMIN. Et moi, pauvre aveugle que j'étais!...

FRÉDÉRIC. Ah! vous avez compris, enfin!

M. DE SAINT-FIRMIN. Oui... oui, mon ami... et j'ai compris aussi que tu ne dois pas partir encore... Il faut que tu restes ici pour réparer les fautes que ces hommes m'ont fait commettre. (Il sonne... Les boiseries du fond s'écartent. — Le deuxième salon est rempli de monde, en toilette de bal.)

FRÉDÉRIC. Nous les réparerons ensemble maintenant!

M. DE SAINT-FIRMIN. Ah, viens, viens sur mon cœur!... il y a si longtemps que je n'avais éprouvé un pur sentiment de joie.

FRÉDÉRIC, voyant le bal. Ma sœur n'est donc plus au couvent...?

M. DE SAINT-FIRMIN. Je te ménageais cette surprise.

---

### SCÈNE DERNIÈRE.

M. DE SAINT-FIRMIN, MARGUERITE, LOUISE, LAMBERT, LE CAPITAINE, VALENTIN, LA MÈRE REINETTE, FRÉDÉRIC, INVITÉS.

MARGUERITE, accourant. Vivat! vivat! Les voilà tout à fait réconciliés.

LE CAPITAINE, à Frédéric. Nous avons un nouveau semestre, mon ami.

M. DE SAINT-FIRMIN. M. Lambert, j'ai fait le voyage de Marseille afin d'aller vous demander la main de mademoiselle Louise pour mon neveu Frédéric...

LOUISE. Ah! monsieur...

M. DE SAINT-FIRMIN. M. Lambert, me faites-vous l'honneur de m'accorder ma demande?

LAMBERT. Oui, monsieur... et tout l'honneur est pour moi. (Menant Louise à Frédéric.) Mon intrépide ami...

M. DE SAINT-FIRMIN. Monsieur le capitaine Dubois, vous savez déjà que je vous accorde avec bonheur la main de Marguerite... si toutefois Marguerite ne s'y oppose pas.

MARGUERITE. Je ne m'y oppose pas le moins du monde, mon oncle.

VALENTIN, LA MÈRE REINETTE, LAMBERT *et les* INVITÉS.

### ENSEMBLE.

Tressons la couronne
Que l'amour leur donne
Chantons leur bonheur!
De la perfidie
Et de l'infamie
L'amour est vainqueur!

FIN.

PARIS. — TYPOGRAPHIE DE MORRIS, ET Cie,

RUE AMELOT, 64.